디지털컨텐츠산업의
시 장 구 조

디지털컨텐츠산업의 시장구조

변미리 著

 한국학술정보[주]

책 머리에

한국사회의 정보기술 패러다임으로의 구조적 변화는 아주 빠른 시간 흐름을 만들어내고 있다. 정보기술과 통신기술의 급속하고도 누적적인 발전과 한국사회 구성원들의 행태적 특성의 결합으로 한국은 인터넷 분야에서 세계적인 선도 국가군이 되었다. 인터넷 이용자는 2004년 말 기준 3천1백5십여만 명이라는 경이적인 수치를 기록하고 있으며, 디지털컨텐츠 서비스를 이용할 수 있는 인프라라고 할 수 있는 초고속인터넷가입자수도 2004년 기준 1천2백여만 명에 이르고 있다. 또한 정보통신산업 역시 빠른 성장을 통해 '90년대 후반 일련의 스타 벤처기업들을 탄생시키면서 한국경제의 견인차 역할을 해왔다. 벤처기업으로 대표되는 한국의 정보통신산업은 2000년을 지나면서 지나치게 부풀려졌던 거품이 걷히고 시장이 주춤하는 어려움을 겪고 있기는 하지만 여전히 세계적 인터넷 기업과 정보통신 산업의 주목을 받고 있다.

이렇듯 한국의 고도화 된 정보환경과 정보화수준은 디지털컨텐츠산업이 자라날 수 있는 주요 요인이다. 흔히 디지털컨텐츠산업이 발전할 수 있는 요소로 컴퓨터 환경의 고성능화, 정보처리능력의 확대, 높은 인터넷 보급률, 정보의 멀티미디어화, 압축기술의 개발 등을 꼽고 있는데 한국사회의 정보환경은 이러한 요소를 충족하고 있다. 3천6백여만 명에 이르는 이동전화가입자들이 만들어내는 풍경을 보자. 지하철 안은 휴대전화를 이용하는 사람들의 통화소리, 게임 삼매경에 빠져있는 사용자와 1초도 쉬지 않고 끊임없이 문자를 보내는 사람들의 빠른 손가락 움직임, 귀에 이어폰을 꼽고 다운받은 MP3 음악파일을 듣는 사람들.

어느 누구하나 정보기기와 연결되지 않는 사람들이 없다. 한국사회 정보화의 일상적 모습이다. 이처럼 한국사회에서 정보화된 일상을 살아가는 것은 네트워크를 통해 컨텐츠를 서비스 받는 것을 의미한다. 게임, 음악, 영화, 전자책 등이 디지털컨텐츠 시장의 주요 영역이며, 최근 유비쿼터스 기술의 발전과 함께 의료컨텐츠 등 전문정보 컨텐츠 등의 중요성이 부각되고 있다. 모바일 기기로 끊임없이 제공되는 컨텐츠들은 디지털컨텐츠시장의 가능성을 엿보게 한다.

이 책은 정보통신 관련 산업구조의 변화 속에서 형성되고 성장·발전한 정보서비스산업의 한 부문인 디지털컨텐츠산업의 시장구조에 대한 사회학적 분석이다. 디지털컨텐츠산업이란 신(新)산업영역이라기 보다는 기존에 아날로그 형태로 존재하던 컨텐츠를 정보기술을 적용하여 디지털컨텐츠로 변화시킨 산업이다. 디지털컨텐츠기업들이 생산하는 컨텐츠의 유형을 매개로 기업간 관계망, 컨텐츠간 관계망의 특성을 분석하여 시장의 구성적 특징을 밝힌 것이 이 책의 주요 내용이다.

사실 이 책은 필자의 박사학위논문을 가감 없이 출판형태를 빌어 발간하는 것이다. 이미 2년여가 지난 디지털컨텐츠산업의 시장상황에 대한 분석을 담은 글을 지금 이 시점에서 발간하는 것이 어떤 의미를 갖는가에 대해 회의적이지 않은 것도 아니었다. 정보기술 산업에서 최근의 2년여란 과거 산업시대의 20여년과 맞먹는 시간간극이지 않겠는가? 그럼에도 불구하고 굳이 출판하고자 한 것은 디지털산업이 형성하던 초기 시장에 대한 분석은 향후 시장의 다이내믹을 좇을 수 있는 출발점으로서의 의미를 가지며, 이러한 출발선은 시간의 흐름에도 불구하고 시사하는 바가 클 수 있다는 무모한(?) 판단이 들었던 것이다. 데이터의 제한성, 분석의 치밀하지 못함과 매끄럽지 않은 서술이라는 많은 한계에도 불구하고 애초 학위논문 형태의 것을 가필 없이 그대로 출판하기로 한 것도 이런 이유에서 이다.

이 책은 다음과 같이 구성된다.

먼저, 디지털컨텐츠산업의 형성과 발전을 다룬 장에서는 정보기술의 발전으로 변화한 산업의 사회구조적 환경과 정보컨텐츠산업의 변화과정을 살펴보고, 이를 통해 디지털컨텐츠산업의 형성을 추론한다. 그리고 디지털컨텐츠산업의 발전의 계기가 된 기술적 요소들을 검토한다.

1990년대 우리사회 산업구조 변화를 특징짓는 정보기술기반기업의 등장과 이에 따른 벤처생태계의 형성은 정보통신산업이 급속하게 성장할 수 있는 산업 환경을 조성했다. 이 시기 정보통신산업은 연평균 10%가 넘는 실질 성장률을 보였으며, 정보통신산업 부가가치는 우리사회 전체 경제성장에 견인차 역할을 했다. 이와 같은 정보통신산업의 급격한 성장은 디지털컨텐츠산업 시장 형성을 위한 외연을 확장했으며, 이는 정보컨텐츠산업의 성장과 변화로 나타났다. 정보컨텐츠산업은 전체 정보통신산업의 1/10정도의 규모로 전체 정보컨텐츠 부문의 성장 속도에 비해 인터넷 컨텐츠 부문의 성장 속도가 훨씬 빠르게 나타나고 있었다. 정보컨텐츠 부문 중 부가통신서비스 부문의 성장은 1999년에서 2000년 사이에 가장 두드러졌다. 이러한 산업구조의 변화 속에서 단순한 정보제공 역할만을 담당하던 온라인 정보제공기업은 제작시장과 유통시장의 경계가 모호해지면서 디지털컨텐츠산업으로 변화해 간다.

한편, 디지털컨텐츠산업 발전의 토대와 계기는 기술적 요소라고 할 수 있다. 인터넷이라는 새로운 커뮤니케이션의 등장은 디지털컨텐츠산업이 시장을 형성하고 수요를 창출하는 토대 역할을 했는데, 특히 네트워크의 광대역화는 디지털컨텐츠시장이 확장되는 주요 계기로 작용했다. 또한 정보처리기술의 발전은 디지털컨텐츠산업이 한 단계 성장할 수 있는 중요 계기였는데, 정보처리 압축기술의 발전은 컨텐츠의 다양한 형태를 가능케 했다. 이와 같은 기술적 요소는 디지털컨텐츠시장 진입에 용이한 기술적 자원의 역할을 하면서 시장의 진입장벽을 낮추는 역할을 한 것으로 보인다.

디지털컨텐츠산업의 시장 구조적 특성을 개별 기업의 컨텐츠산업 참여라는 '공동참여연결망'을 토대로 분석했다. 이는 디지털컨텐츠기업이 어떤 컨텐츠산업에 참여하는지 하는 '기업 X 산업 연결망'을 통해 디지털컨텐츠산업의 시장구조의 특성을 밝히고자 하는 것이다.

디지털컨텐츠 기업을 중심으로 파악한 시장구조는 유통 중심포괄적 기업군, 중소규모전문기업군, 인터넷미디어중심 군소기업군 이라는 세 부분의 하위시장으로 구분될 수 있었다. 유통 중심포괄적기업군 하위시장은 기업규모가 큰 기업이 많이 포함되어 있으며, 과거 컨텐츠유통망을 지배했던 기업이 많았다. 이 시장은 시장위험도(risk)를 최소화 하고자 다양한 컨텐츠를 제작·유통하는 다각화된 시장전략을 취하고 있었다. 중소규모전문기업군 시장으로 분류되는 제2유형의 시장은 시장 수용능력이 다른 하위시장에 비해 낮은 것을 알 수 있었다. 이 하위시장은 1개 내지 2개의 전문화된 컨텐츠로 시장성과를 내고 있었으며, 컨텐츠 상품에만 집중해 수익을 내고자 하는 시장전략을 취하고 있는 것으로 나타났다. 제3유형으로 분류되는 미디어중심 군소기업군 하위시장은 전체 디지털컨텐츠 기업의 43.8%를 포괄하고 있다. 이 하위시장은 중소전문기업군 시장과 유사하게 한 두 개의 컨텐츠에 집중하는 전략을 부분적으로 보이나 시장 전체를 특징지을 만한 일관된 시장전략을 발견할 수 없었다. 세 유형의 하위시장 간 시장진입 시기의 차이는 뚜렷하게 나타나지 않았다.

컨텐츠 유형의 특성을 중심으로 시장구조를 분석한 결과, 컨텐츠산업 간 시장구조는 오락컨텐츠산업군, 교육컨텐츠산업군, 전문정보컨텐츠산업군, 단순정보 컨텐츠산업군 등 4개의 하위시장으로 분절되어 있는 것을 알 수 있었다. 오락컨텐츠산업군에는 음악산업, 영화산업, 스포츠산업, 뉴스관련산업, 게임산업, 레저산업, 만화산업, 기타산업이 포함되어 있으며, 교육컨텐츠산업군에는 교육산업과 출판산업이, 전문정보컨텐츠산업군에는 금융증권컨텐츠산업, 취업관련산업, 부동산컨텐츠산업, 의료컨텐츠산업이, 단순정보컨텐츠산업군에는 날씨컨텐츠산업, 가정생활컨텐츠산업, 법률컨텐츠산업이 포함되는 것으로 파악되었다. 오락컨텐츠산업군과 교육컨텐츠산업군은 시장위치가 중복되는 산업군으로 전체 컨텐츠산업에서 중심적인 위치를 차지하고 있다.

이상의 디지털컨텐츠시장의 구조분석을 통해 초기 디지털컨텐츠산업은 통합된 하나의 시장이 아니라 몇 개의 하위시장으로 나뉘어져 있음을 발견했다. 이러한 분절된 시장구조에 따라 시장전략은 상이하게 나타났으며, 시장성과에 영향을 미치는 변수들을 분석한 결과, 시장 간 연결망 변수가 기업 속성 변수에 비해 상대적으로 더 큰 영향을 미친다는 점을 회귀모형을 통해 알 수 있었다.

디지털컨텐츠산업은 이제 정보사회의 고도화를 위한 핵심 산업영역으로 향후 경제발전의 견인차 역할을 할 것으로 예상된다. 지금까지의 아날로그 형태로 존재하던 모든 컨텐츠들은 디지털화 되며, 이렇게 디지털화 된 모든 내용들은 정보사회의 일상적 소비와 생활양식을 구성할 것이다. 영국의 한 경제조사전문기관의 조사에 따르면 한국은 인터넷학습 기반이 세계 5위라고 한다. 디지털컨텐츠산업의 발전과 관련하여 가히 주목할 만한 결과이다.

그러나 시장 상황은 그렇게 단순해 보이지 않는다. 모바일게임컨텐츠산업의 예를 들어보자. 이 영역은 외형적으로 황금 알을 낳는 거위처럼 엄청난 성장세를 걷고 있는 듯 보이지만, 전체 시장의 25%가 매출액이 전무하여 이름뿐인 기업을 유지하고 있으며, 매출액 50억 이상이 되는 기업은 전체 기업의 8.8%에 지나지 않는 시장의 양극화 현상이 자리 잡고 있다. 또한 최근 국내 무선컨텐츠 업게 1위 기업인 '컴투스'가 코스닥 진입에 실패하여 디지털컨텐츠시장의 전망을 어둡게 하고 있다.

디지털컨텐츠시장은 진입장벽이 낮아 누구나 쉽게 시장에 들어갈 수 있으리라 생각하며, 일단 시장에 들어가면 많은 수익이 나올 것이라고 생각하고 있지만 현실의 부침은 훨씬 역동적이다. 시장에 대한 분석이 필요한 이유가 여기에 있다. 앞으로 지속적인 연구를 통해 이 책이 가졌던 문제의식을 발전시켜 나가도록 노력할 것이다.

2005년 4월
변 미 리

목 차

표 차례

그림 차례

부표 차례

제1장 서 론

제1절 문제 제기

정보통신기술의 급속하고 누적적인 발전으로 기존 산업구조는 변화하며, 새로운 시장이 끊임없이 만들어지고 있다. 불과 몇 년 전만 해도 예상하지 못했던 산업과 기업들이 전 세계적으로 나타나고 있으며, 이른바 IT산업 (Information technology Industry)이 현재 세계 경제의 주요 흐름을 좌우하고 있는 실정이다.[1] 1980, 90년대 이후 지속된 정보기술혁명은 인터넷산업, 닷컴기업, 벤처기업이라는 신(新) 경제행위자들을 창출하였다. 인터넷 혁명은 사람들의 커뮤니케이션 양식의 변화를 가져왔을 뿐 아니라 산업사회의 시장구조 자체를 바꾸고 있는 중이다. 디지털컨텐츠산업이나 e-비지니스 등은 이 변화를 잘 보여주는 새로운 산업 혹은 새로운 비즈니스 영역이라고 할 수 있다. 한국사회의 경제구조나 산업 환경 역시 이 같은 세계적 변화와 동일 선상에서 변화를 경험하고 있다. 더욱이 한국 인터넷 사용자의 급속한 증대[2]는 인터넷관련 기업들이 활동할 수 있는 좋은 사회

---

[1] IT(Information Technology) 산업이 세계경제에 미친 영향력을 보면, 미국의 경우 전체 자본이 경제성장 기여도의 절반 정도를 IT자본이 차지하고 있는 것으로 분석된다. 인터넷 경제가 전체 경제에 미치는 영향 등을 분석한 인터넷 경제에 관한 연구로는 손상영 외(2000) 참조.

[2] 한국의 인터넷 관련 사용자 층의 확산 속도는 세계적 주목을 받으면서 세계의 주요 인터넷 관련 기업들이 한국을 주요 시장으로 상정하게 한 요인이 되었다. 2001년 10월 기준 한국 인터넷 사용자수는 2,250만 명으로 추산된다. 또한 초고속인터넷의 보급률도 인구 100명 당 13.9명으로 세계 1위를 기록했다(한국인터

적 기반을 만들면서 세계 정보기술 산업을 주도하는 역할을 하고 있다.

1990년대 중반 이후 우리사회 기술관련 정보통신산업에서의 시장구조의 변화, 즉 지금까지 존재하지 않았던 인터넷을 기반으로 한 기업의 출현과 이들 기업의 천정부지로 치솟는 시장 가치는 분명 새로운 현상이었다. 따라서 시장의 변화를 어떻게 분석해야 하는지에 대한 관심은 인터넷 관련 기업 시장에 대한 관심으로 모아진다. 이 책은 1990년대 중반 이후 정보기술을 매개로 등장한 디지털컨텐츠산업의 시장구조에 대한 사회학적 논의로 이루어져 있다. 경제적 의미의 시장을 사회학적으로 연구한다는 것은 어떤 의미인가? 시장에 대한 사회학적 접근의 핵심은 구조와 행위의 상호작용 혹은 '관계성'을 분석의 중심에 둔다는 점에 있다. '관계'란 두 행위자 혹은 두 사건(event)이 어떤 연결고리 혹은 연결성을 갖는다는 것이며, 이는 상호 연관된 것들이 서로 영향을 미칠 수 있는 조건을 만든다는 의미이기도 하다. 경제행위자(기업) 사이의 관계형성이 어떠한 시장구조로 나타나는지, 이렇게 만들어진 시장구조는 시장에 참여한 경제행위자들에게 어떤 구조적 영향력을 행사하는가에 대한 관심이 여기에 속한다. 그런데 시장구조에 대한 경제학적 설명방식은 합리적 행위자의 이윤 극대화의 관점을 주로 취하고 있기 때문에 시장 자체에 대한 분석은 블랙박스에 갇혀 있다. 또한 시장구조를 효율성 관점에서만 측면에서만 고찰함으로써 특정 산업의 시장이 존재하는 사회구조적 맥락을 간과하는 한계를 갖는다. 이에 비해 시장구조에 대한 사회학적 설명방식은 시장의 '구조'측면과 시장행위자의 '행위'측면 사이의 상호작용을 중요하게 고려한다. 이러한 관점은 기술관련 산업의 발전, 시장의 특성을 설명할 때 사회구조적 맥락을 주요하게 고려한다는 점에서 한 사회의 기술발전이나 기술 산업의 형성은 일련의 사회적 선택과정이며, 기술 자체의 합리성이나 효율성을 뛰어 넘는 다양한 사회제도적 요소가 개입되는 사회 구성적 과정(social constructive process)이라는 과학기술사회학의 설명방식과 공통점을 갖는다.

넷 정보센터, 2001).

디지털컨텐츠산업은 인터넷 정보기술을 기반으로 커뮤니케이션 환경의 성장과 인터넷 사용자의 점진적 확대로 형성된 산업을 일컫는다.3) 디지털 컨텐츠산업은 컨텐츠 제작시장과 제작된 컨텐츠가 네트워크를 통해 흘러 다니게 하는 유통시장으로 구성된다. 이 디지털컨텐츠산업은 정보기술이 발달하기 이전의 컨텐츠산업이 디지털기술 발전에 힘입어 새로운 기업형태로 전환되어 나타나기도 하고, 인터넷 방송의 경우와 같이 발전된 정보기술에 의해 처음 시장에 등장하기도 하는 등 산업(시장)형성과 발전과정에서 다양한 모습을 보인다. 이 책은 디지털컨텐츠산업의 등장과 발전과정을 정보기술 산업의 구조 변화의 맥락에서 살펴보고, 이 산업의 중요한 성장 계기를 정보기술의 발전과 네트워크의 확산에서 찾는다. 이와 같은 산업형성의 배경을 고찰한 다음, 디지털컨텐츠산업의 시장구조 분석을 시도한다. 시장구조 분석이란 시장에 참여한 행위자 간 경쟁이 시장에서 어떻게 나타나는지를 분석하는 것으로, 많은 경우 시장에서의 경쟁을 분석할 때 개별 경제행위자가 가진 내재적 속성을 중심으로 한 효율성 개념에 입각해 이뤄졌다. 이는 '가격'이라는 표준화된 시장기제에 의해 가능했다. 그러나 정보통신산업, 인터넷 기업 등 아직 시장가치를 표준화할 수 없는 신생산업의 경우 시장경쟁을 가격으로만 설명하기에는 어려운 점이 있다. 최근 기업평가에서 등장한 '잠재적 가치'라는 개념은 이러한 어려움을 풀어가기 위한 한 예라고 할 수 있다.

---

3) 사실 디지털 컨텐츠 산업이라는 용어는 그 범위를 정확히 하기에는 어려운 측면이 있는 산업부문으로, 인터넷컨텐츠산업이라고도 명명하는 이 산업 영역에 대한 범주의 확정은 연구대상에서 상술하도록 하겠다. 그리고 디지털 컨텐츠 산업과 인터넷 컨텐츠 산업은 맥락에 따라 혼용하되, 동일한 의미로 사용될 것이다. 디지털 컨텐츠 산업은 개념적으로 "인터넷을 도구적으로 이용, 온라인상에 내용물(contents)을 상품으로 유통, 소비시장을 형성하는 산업"이라고 개괄적으로 정의할 수 있다. 그러나 그 범위와 경계를 어디까지 정해야 하는지가 아직은 논란거리이다. 디지털컨텐츠 산업 범위 설정에 관한 많은 연구들(KISDI, 2000;2001, 한국 소프트웨어 진흥원, 2000; 문화관광부, 2000)은 이러한 논쟁적인 측면을 잘 보여주고 있는데, 연구대상을 다룰 때 이 부분에 관해 상술하도록 하겠다.

　사회학적 관점에서의 시장구조 분석은 시장의 구조적 요인들이 어떻게 경쟁하는 기업에 영향을 미치고 있으며, 구조적 영향 하에서의 개별 기업의 경제적 행위는 시장구조를 어떻게 변화시키는지에 관심을 돌린다. 그럼으로써 구조에서 분리된 독립적 행위자로서 경제행위자가 아닌 시장구조에 배태된(embedded) 행위자들, 그리고 그들 간의 상호작용 혹은 관계맺음에서 비롯되는 시장의 구조적 속성에 대한 분석을 시도한다. 이는 정적인 시장이 아닌 동태적 시장의 변화 과정(dynamic process)을 잘 보여줄 수 있는 접근방법이다. 이 책에서 다루는 시장구조 분석에서는 구체적으로 1) 디지털컨텐츠산업의 시장을 기업 간 연결망을 통해 분석하고 2) 각 시장 간(between markets), 각 시장 내(within market) 연결망 특징을 분석하여, 3) 시장에 참여한 행위자들(기업)의 시장 내 위치와 그러한 시장 내 위치가 개별 행위자(기업)의 시장전략에 어떤 영향을 미치며, 동시에 행위자들 간의 시장 전략이 어떻게 시장구조의 변화에 작용하는지에 초점을 맞춘다.

제2절 연구대상과 자료

1. 연구대상

　이 책은 디지털컨텐츠산업을 대상으로 한다. 디지털컨텐츠산업은 디지털 기술과 컨텐츠의 결합으로 새롭게 만들어진 산업영역이기 때문에 명확하게 그 범주를 확정하기가 쉽지 않다. 또한 연구에 적합한 자료(optimal data)를 구하는 것도 쉽지 않아 연구대상을 명확하게 구분해 내기도 어렵다. 그럼에도 불구하고 연구대상의 확정은 연구의 첫 출발이라는 점에서 피할 수 없는 부분이다.

본래 컨텐츠산업은 정보기술의 발달 이전에는 독자적 산업으로 있었던 것이 아니라 주어진 컨텐츠 유통을 담당하는 특정한 산업의 일부분(예를 들어 미디어 산업, 신문 산업 등)으로 존재했다. 그런데 정보기술의 발달로 두 가지 유형의 디지털컨텐츠가 나타나기 시작했다. 첫째가 CD-ROM이나 DVD등 유형(有形)의 디지털컨텐츠였다. 이들 상품은 디지털기술의 특성상 재생산 비용을 최소화할 수 있다는 장점을 갖고 있지만, 이를 활용할 수 있는 별도의 장치(drive)를 필요로 한다는 점, 제작은 디지털 기술에 기반하고 있으나, 유통은 오프라인(off-line)에서 이뤄진다는 점, 그리고 소비시장 역시 디지털기술의 특성인 쌍방향성이 실현되지 않는다(KISDI, 2000). 따라서 이들은 엄격한 의미의 디지털컨텐츠로 보기는 어렵다. 이에 비해 네트워크(인터넷)를 매개로 한 컨텐츠는 앞서 말한 유형의 컨텐츠와 달리 유통이 온라인을 통해 이뤄진다는 점, 그리고 제작과 유통이 융합됨으로써 제작행위와 유통행위가 동시에 일어날 수 있다는 점, 또 소비자가 동시에 생산자일수도 있다는 점4)에서 쌍방향성이 보장된다는 점을 고려한다면 디지털컨텐츠의 속성을 가지고 있다고 하겠다.

이 책의 연구대상인 디지털컨텐츠산업은 개략적으로 "네트워크(인터넷)를 도구적으로 이용, 온라인(인터넷) 상에서 컨텐츠(contents)를 상품으로 제작, 유통하는 시장을 형성하는 산업"으로 개략적으로 정의한다. 이러한 정의에 근거해 디지털컨텐츠 분야와 다른 컨텐츠상품, 온라인 서비스 상품 등의 위치를 구분해 보면 다음 <표 1-1>과 같다.

---

4) 최근 등장한 prosumer는 바로 소비자이면서 동시에 제작자가 될 수 있는 새로운 현상을 지칭하는 용어이다. 즉, 여러 가지 디지털 기술의 발달에 힘입어 개인들도 별다른 제약 없이 온라인상에 자신의 생산물을 유통시킬 수 있는데, 예를 들어 1인 인터넷 방송국이라던 지, 개인 홈페이지에서의 상업적 행위(배너 광고의 유치 등) 등은 바로 오늘날 소비자이면서 동시에 생산자일 수 있는 현상을 지칭하는 새로운 용어이다.

<표1-1> 유통방식과 최종소비 방식의 교차에 의한 정보 상품의 분류

유통방식 최종소비주체	온라인 (인터넷)	오프라인
개인 소비자	디지털컨텐츠 B2C 전자상거래	CD-ROM, DVD 일반 상품
기업	B2B 전자상거래	일반 상품

　　<표 1-1>은 유통방식의 차이와 최종 소비주체에 따라 정보 상품을 분류한 것이다. 오늘날 정보 상품은 그 상품이 온라인을 통해 유통되느냐, 아니면 오프라인을 중심으로 유통되느냐에 따라 구분할 수 있으며, 또한 최종소비 주체가 개인 소비자를 대상으로 하는지, 아니면 기업을 대상으로 하느냐에 따라 나눌 수 있다. 온라인 방식을 통한 상품의 유통은 B2C전자상거래(business to customer e-commerce)와 B2B(business to business) 있다.[5] 전자는 최종소비가 개인을 대상으로 하고 있다는 점에서, 후자는 기업이 최종소비자라는 점에서 차이를 가질 뿐 네트워크를 통한 상품의 거래가 이뤄진다는 점에서는 공통점을 갖고 있다. 여기서 다루는 디지털컨텐츠는 이러한 B2C전자상거래에 포함되는 정보 상품이라고 할 수 있다. 물론 기업이 소비하는 디지털컨텐츠 상품도 존재하지만 이 책에서는 이 영역은 다루지 않는다. B2C 전자상거래 내에는 디지털컨텐츠 자체가 상품인 것이 있고, 쇼핑

---

5) 전자상거래는 정보기술의 발달에 의해 가능해진 새로운 시장행위로서, 일반적으로 온라인을 통한 상품의 구입행위를 말한다. 통계청에서는 이러한 전자상거래가 인터넷 시대 새로운 상거래의 하나로 정착했다는 판단 하에 2000년 8월부터 전자상거래에 관한 통계를 발표하고 있다. 통계청은 전자상거래를 "컴퓨터와 네트워크라는 전자적인 매체를 통해 상품 및 서비스의 거래가 이루어지는 방식"으로 정의하면서 기업 간, 기업과 정부간, 기업과 개인 간 전자상거래에 관한 통계를 분기별로 발표하고 있다(통계청, 2000). 이러한 전자상거래와 디지털컨텐츠산업의 경계에 대한 정의 역시 용이한 일이 아니다. 예를 들어 TV에서 홈쇼핑채널을 대부분 인터넷에서도 자체 사이트를 통해 물품 거래가 가능한데, 이 부분을 디지털컨텐츠산업으로 분류하기에는 무리가 있다는 판단이다. 그러나 홈쇼핑채널은 전자상거래로 분류되고 있다.

몰처럼 거래형태는 온라인으로 이뤄지지만 실제 물건의 매매인 경우도 포함
되어 있다. 따라서 이 책에서 다루게 될 디지털컨텐츠산업은 B2C전자상거래
중 컨텐츠를 제공, 서비스하는 부문에 국한해서 다룬다고 할 수 있다. 따라서
이 책의 디지털컨텐츠산업은 디지털컨텐츠산업 전체를 포괄하기보다는 디지
털컨텐츠산업의 기본 속성을 잘 드러내는 부분에 한정된다고 볼 수 있다. 시
장은 계속 변화하고, 새로운 영역은 지속적으로 나타나기 때문이다.6)

2. 연구 자료들

이 책에서 사용될 자료들은 통계자료, 문헌자료, 기업설문조사 자료 등으
로 나눠질 수 있다. 각각의 자료가 가진 특성은 다음과 같다.

1) **통계 자료들** - 정부기관에서 발표된 통계는 디지털컨텐츠산업의 형
    성과 시장구조에 대해 개괄적 접근을 가능케 하는 자료이다. 통계청
    의 <정보산업 통계 결과> (1999년 12월 말 기준), <벤처산업 실태조
    사> (중소기업청, 2000; 2001), <전자상거래 실태조사> (통계청,
    2000, 2001) 등은 현재 한국의 디지털컨텐츠산업의 개괄적 현황을
    잘 보여주는 자료들로 본 연구에서는 산업구조의 변동을 파악하기

---

6) 이런 의미에서 디지털컨텐츠산업은 무한한 성장 가능성을 지닌 것으로 전망된
   다. 디지털컨텐츠산업의 2000년 말 기준 시장규모는 매출액 기준으로 1999년
   302억원에서 2,000년 2,039억원(상반기 매출액 기준)으로 575% 증가한 것으로
   조사되었다(정보정책연구원, 2000; 한국전자통신연구원, 2000). 그러나 현재의
   조건은 그리 낙관적이지는 않다. 많은 컨텐츠 제공기업들이 컨텐츠 서비스 이
   외에 수익을 남길 수 있는 솔루션(solution) 판매 등 컨텐츠 이외의 영역도 함
   께 하고 있는 것을 순수한 컨텐츠 제작, 유통만으로는 수익성을 남길 수 없기
   때문이다. 많은 컨텐츠 제공기업들은 컨텐츠의 유료화가 수익모델이라고 점을
   알고 있으나, 현재의 시장에서 컨텐츠의 유료화를 통한 수익성 제고는 결코 쉽
   게 도달할 수 없는 목표지점이라고 할 수 있다. 우리가 앞으로 분석할 시장구
   조에서도 이러한 시장상황의 열악함이 잘 드러나고 있다.

위해 사용될 것이다. <전국사업체 기초통계조사>는 통계청에서 1년 마다 전국의 사업체를 전수 조사하는 자료로 산업별 변화를 보여주 는 기초 자료로 사용한다. 이러한 자료는 디지털컨텐츠산업의 형성을 산업구조의 변화 속에서 고찰할 수 있게 해준다.

2) **문헌연구에 의한 자료 수집** - 디지털 컨텐츠산업을 직접적으로 다 룬 연구들을 검토하며, 이를 통해 디지털 컨텐츠 산업이 전체 산업에 서 차지하는 위치, 영향력 등을 점검한다. 또한 디지털컨텐츠 산업의 발전경로를 추적하기 위해 정보통신부, 문화관광부 등 정부정책 문서 를 개괄하며, 정보통신산업협회, 인터넷기업협회, 디지털컨텐츠 관련 협회의 자료를 검토한다. 이와 함께 디지털컨텐츠 산업의 정보통신산 업 내에서의 위상과 발전을 파악하는데 도움이 되는 정보통신산업, 컨텐츠 산업 관련 문헌들을 수집, 분석한다.

3) **<디지털컨텐츠산업 실태 조사> 자료** - 디지털 컨텐츠 산업의 범주 설 정 자체가 많은 논란의 여지가 있으나, 현재 디지털컨텐츠 산업 실태조 사 자료로서 입수 가능한 것은 한국소프트웨어진흥원 내 디지털컨텐츠 사업단이 2000년 말에 실시한 <디지털컨텐츠산업 실태조사> 자료이다. 이 자료는 디지털컨텐츠 산업으로 분류되는 650개 기업에 관한 세부 정보로 구성되어 있다(기업 속성에 관한 기본 자료, 기업들이 참여하는 컨텐츠 유형에 관한 자료, 기업의 출발형태에 관한 자료 등). 현재 디지 털컨텐츠 산업에 참여하는 기업의 수는 대략 1,300여 개로 추정되나 중 복되는 업체와 소재불명인 업체를 제외하면 800여 개 정도가 실제 활 동한다고 볼 수 있다(한국소프트웨어진흥원, 2000). 이 조사에 포함된 디지털컨텐츠 조사기업은 종합정보제공(Contents Provider), 교육컨 텐츠, 음악컨텐츠, 영화컨텐츠, 신문컨텐츠, 전자북(ebook), 게임 분야 등등이다.

이와 함께, 디지털(인터넷)컨텐츠 관련 사용자(소비자)에 관한 자료로는 '전국인터넷사용자 실태조사'를 사용할 것이다. 이 자료는 인터넷 조사회사 (아이클릭)의 것(2001년 5월 조사)으로 10,000명의 표본(sample)을 직접 면접 조사(face to face survey)한 것이다. 이 자료는 현재 우리 국민의 인터넷 사용실태에 관한 상세한 정보를 담고 있다.

제3절 이 책의 구성

이 책은 서론을 포함하여 전체 6개의 장으로 구성된다. 제1장 서론에서는 본 연구의 목적과 내용, 방법론에 대해 개괄하며, 제2장에서는 본 연구의 이론적 배경과 분석틀을 제시한다. 3장에서는 정보기술 산업이 등장하면서 나타난 산업구조의 변화와 이 과정에서 디지털컨텐츠산업이 어떻게 형성, 발전했는지를 파악한다. 정보통신산업 내 타 산업과 구분되는 디지털컨텐츠산업의 특성을 고찰하면서 디지털컨텐츠산업이 성장할 수 있었던 계기로 작용한 것은 무엇인지를 살펴본다. 이 논의는 정보통신산업 일반과 디지털컨텐츠산업을 비교, 고찰함으로써 디지털컨텐츠산업의 특성을 보다 잘 이해하기 위한 것이다. 4장에서는 디지털컨텐츠산업의 시장구조에 관한 분석을 시도한다. 디지털컨텐츠시장의 기업 자료를 근거로 기업간 공동참여연결망을 구성하여 디지털컨텐츠시장의 구조적 특성을 분석한다. 공동참여연결망은 기업연결망과 컨텐츠산업연결망의 두 가지로 구성되며, 각 연결망을 토대로 디지털컨텐츠 기업간, 디지털컨텐츠 산업간 특성을 형상화한다. 이를 통해 디지털컨텐츠시장의 분절적 구조를 밝힐 것이다. 5장에서는 앞의 디지털컨텐츠시장의 분절적 구조의 특성에 따라 기업전략, 기업성과에서 어떤 차이를 보이는지를 분석한다. 이는 시장 분절성이라는 구조적 특성이 기업행위에 미치는 영향을 파악하고자 하는 것이다. 6장에서는 이상의 논의를 정리하고, 이 책이 갖고 있는 의의, 한계점, 앞으로의 과제에 대한 논의를 정리할 것이다.

제2장 이론적 배경과 분석틀

한 사회의 구조변화를 어떤 방식으로 설명하는 것이 사회현실을 보여주는 데 효과적일 수 있는가 하는 것은 사회학의 오랜 관심사였다. 사회변동을 설명하는 사회학 이론은 주로 사회구조(social structure)를 중심으로 변화를 설명해 왔다. 구조적이고 총체적(holistic) 접근이 사회변화를 잘 설명할 수 있다는 생각에서이다. 그러나 구조적 접근과 항상 대립적인 위치에 있으면서, 구조를 구성하는 행위자를 중심으로 사회를 설명하려는 시도 역시 지속적으로 있어 왔다. 이러한 행위 중심의 접근은 구조적 접근과 양 축을 이루면서 사회학 이론 발전에 기여해 왔다. 그러나 최근 이러한 대립적인 접근방식을 통합하고자 하는 시도들이 나타나고 있다. 기든스(A Giddens)의 '구조화이론'이나 경제사회학의 이론들은 '구조와 행위의 이중성'이라는 관점에서, 구조와 그 구조를 이루고 있는 행위자들과의 상호작용, 다시 말하면 구조 → 행위 → 구조라는 연결고리를 통해 사회변화나 구조변동을 설명하려는 새로운 시도를 하고 있다. 구조주의적 관점과 행위론적 관점의 이분법을 극복하고자 하는 이러한 이론은 행위자가 놓여 있는 구조적 위치(structural position)와 행위자들의 행위를 '이중적 관계'(dual relation)로 파악한다. 즉, 행위자는 구조의 강압을 받으면서 동시에 행위자들의 관계를 통해 구조를 재생산한다는 전제를 갖고 있는 것이다(Giddens, 1991; 김용학, 1996). 이 장에서는 이와 같은 구조와 행위의 상호 작용을 통해 시장을 분석하는 경제사회학이론을 중심으로 검토한 다음 이를 토대로 본 연구의 분석틀을 제시할 것이다.

제1절 이론적 배경

1. 경제사회학과 배태성(embeddedness)

경제활동을 포함한 인간의 행위를 '효율성'의 관점에서 파악하는 경제학적 전통과 인간의 행위를 '사회적 행위'로 이해하면서 인간을 둘러싼 사회구조, 인간의 상호작용에서 나타나는 권력이나 갈등문제에 관심을 기울이는 사회학 전통은 서로 대립적이며 뿌리 깊은 단절의 역사를 지닌 채 서로의 영역을 침투하지 않으면서 독자적인 연구를 발전시켜 왔다 (Swedberg, 1990). 그러나 1970년대 이후 이러한 양 학문간 분절에 대한 문제의식이 나타나기 시작했다. 이는 경제학의 '이익 극대화를 추구하는 합리적 행위자'로서의 인간에 대한 의구심과 동시에 '효율적 합리성'이라는 경제학적 합리성으로서만 설명할 수 없는 경제현상의 출현과 이에 대한 문제의식에서 비롯되었다고 할 수 있다. 이러한 문제의식의 발전과정에서 '경제사회학'(Economic Sociology)이 자리를 잡아 나갔다. 사실 이러한 경제사회학적 문제의식은 경제학 영역에서 먼저 나타났는데, 피오레와 세이블(Piore and Sable)의 '이중노동시장'의 존재 확인이나, 윌리엄슨 (Williamson, 1985)의 '거래비용'(transaction cost)[7] 개념에서 발전한

---

7) 윌리엄슨에 따르면, 경제행위는 '거래비용'(transaction cost)을 분석단위로 해서 설명할 수 있는데, 즉, 모든 조직구조란 거래비용을 최소화하기 위한 제도적 반응이라는 것이다(Williamson, 1975, 1981, 1985; Winship, 1988). 오늘날 모든 경제행위를 시장적 조정양식으로 설명하기에는 한계를 가질 수밖에 없는데, 이는 시장에서의 경제행위자들이 가진 '제한된 합리성'으로 인해 거래 상대자에 관한 혹은 거래에 관한 모든 정보를 획득하기에는 '비용'이 지나치게 높다는 것이다. 또한 어떠한 거래가 다음과 같은 특징, 즉, '빈도', '불확실성', '자산특화'(asset specificity)라는 성격을 나타낸다면 이 때 거래의 조정형태는 시장보다는 '위계'(hierarchy)가 보다 효율적이며(거래비용을 줄일 수 있으며), 이는 시장이 아닌 위계(조직이나 기업)내에서 거래가 일반화되는 현상을 설명해 준다. 이러한 윌리

'위계'라는 '기업조직' 연구 등이 그것이다. 이들은 경제학 영역에 '제도'라는 사회학적 요소를 도입함으로써 '시장' 개념을 확장했으며, 동시에 '제도' 역시 '효율성'으로 설명할 수 있음을 보여주었다. 윌리엄슨류8)의 논의는 일단 경제학 내에서 '시장'이 아닌 '위계 혹은 조직'이라는 '제도적 요인'에 대한 관심을 표명했다는 점에서 경제학과 사회학과의 커뮤니케이션이 가능한 통로를 제공했다는 의의를 가진다.9)

사회학 분야에서의 이러한 문제의식은 대략 두 가지 흐름으로 정리할 수 있다. 먼저 베커(Gary Becker, 1975) 등 경제학자의 시도를 '합리적 선택이론'(rational choice theory)으로 정식화한 콜만(J Coleman)을 중심으로 한 '합리적 선택론'은 경제학적 가정을 도구로 하여 사회현상을 분석하였다. 베커는 '인적자본'(Human Capital) 개념을 최초로 사용하면서 '환금성'과 '분할가능성'이라는 물질적 요소로 이해되던 '자본' 개념을 확장시켰으며, 콜만은 인적자본 외에 '사회적 자본'(social capital)이라는 새로운 개념

엄슨의 논의는 '위계'라는 제도형태가 시장조정기제의 대안기제로 작동할 수 있다는 점을 주장(Willianson, 1985; 김혁래, 1996)하고 있다는 점에서, 또한 '제도'를 거시적 접근이 아닌 '거래비용'의 계산이라는 미시적 설명 틀로 접근했다는 점에서 강한 설명력을 지닌다고 할 수 있다.

8) 윌리엄슨의 경제조직 이론이 경제학 분과 내에서 주류가 될 수 없었던 이유를 '단지 수학 화하거나 계량기법을 적용하는 것이 어렵기 때문'이라는 견해도 있다(OECD, 1992). 그럼에도 불구하고 코오스(Coase, 1973)가 자신의 논문에서, 기업을 '지배구조'로 파악하면서 기업을 생산함수라는 일종의 '블랙박스'로 이해하는 신고전학파의 기업관과 결별하면서, 기업과 시장이 유사한 거래활동들을 조직화하는 대안적 수단들이라는 주장은 윌리엄슨의 발견 이전에는 묻혀져 있던 것이었다. 이러한 윌리엄슨 류의 경제학은 '거래비용 경제학' 혹은 '제도주의 경제학'의 이름으로 오늘날 중요한 위치를 점하고 있다.

9) 이 후 경제학 내부에서 법과 관습 등의 제도, 그리고 경제 내에 존재하는 여러 조직에 관한 논의가 활발히 이루어져 왔고, 이러한 논의의 흐름들을 윌리엄슨 이후 포괄적으로 신제도학파로 부르고 있다(길인성, 1994). 길인성의 설명에 따르면, 물론 이 신제도학파 경제학 분야에는 다양한 연구주제와 다양한 분석방법, 예를 들어 윌리엄스 등의 거래비용·진화론적 접근, 게임이론, 주인-대리인 이론 등이 존재하며, 신제도학파 경제학은 기본적으로 신고전파의 미시경제이론으로부터 출발하고 있다는 점에서 과거 제도학파와는 구별된다는 것이다.

을 동원해 여러 가지 다양한 사회현상을 경제학적 가정을 기반으로 설명하고자 했다(Coleman, 1988). 사회학 내에서의 또 다른 하나의 흐름은 경제적 현상을 사회학 이론 틀로 설명하고자 한 시도인데, 1980년대 이후 본격적인 학문적 흐름을 형성했다고 볼 수 있다. 이른바 '신구조주의'적 시각으로 볼 수 있는 이 시각은 조직이나 시장을 정태적이고 닫힌 개념으로 이해하는 것이 아니라, 동태적이고 구성적인 열린 개념과 관계적(relational) 형태로서의 경제행위를 상정하고 있다. 이렇듯 신생분야인 경제사회학의 이론적 기반은 ① 인간행위의 비합리적인 것으로 여겨지는 요인들이 실제로 인간의 경제행위를 결정하는 주요 요소이며, ② 합리성이라는 개념 그 자체가 그것의 사회적·규범적·인지적 전제를 명확히 하기 전에는 개념 규정상의 합의가 이뤄지지 않는다는 점, ③ 인간에게는 결코 합리적인 면과 비합리적인 면을 명확히 분리해 낼 수 없다는 관점의 발전 등으로 정리할 수 있다(유홍준, 1994).

경제사회학의 대표적 이론가인 스웨드버그(Swedberg, 1990)는 경제사회학과 고전경제학의 이론적 흐름을 구분하면서 양 학문의 방법론적 차이를 다양한 차원에서 검토하면서 경제현상에 관한 기존 사회학적 전통이론들과 베블렌, 파슨스, 스멜서까지를 포함하는 논의들을 정리해 신고전경제학과 경제사회학의 방법론적 차이를 다음의 <표 2-1>과 같이 도식화하고 있다.

스웨드버그는 이러한 도식화를 통해 경제사회학에서 다루는 행위자는 효용극대화를 추구하는 개별적 행위자에 국한되는 것이 아니라 다른 행위자나 사회적 환경을 포괄하는 것으로 규정되어야 한다는 점을 강조한다. 이러한 경제사회학 논의는 '배태성' (emeddedness) 개념에 함축되어 있다. 배태성이란 경제사회학 이론가인 그라노베터(M Granovetter)에 의해 정립된 개념이다.

<표 2-1> 신고전주의 경제학과 경제사회학의 패러다임 비교

항 목	신고전주의 경제학	경제사회학
행위자 개념	개인, 가계, 기업 (개별적 효용극대화 추구자)	개인, 집단, 계급, 제도 (사회적 행위자)
행위의 장	선택과 자원의 희소성이 존재하는 곳 어디에서나(시장)	사회의 일부로서의 경제체계 (사회적 경제)
경제적 행위의 유형	효용극대화의 강조 (형식합리성)	합리적 행위/어떤 형태의 경 제적 행위(사회적 합리성과 사회경제적 행위 일반)
경제적 행위의 결과	균형(균형과 조화)	다소 제도화되었으면서도 긴 장이 상존하는 이해갈등(긴 장적 이해갈등)
분석자의 관점	과학적 결과물의 생산자 (객관적 외부인)	과학적 결과물의 생산자이면 서 사회의 일원(객관적 내부 인)
시간 개념	정형화 되고 정적인 시간개념(정태적 시간개념)	확장되고 가변적 시간 개념 (분석대상이 되는 행위를 넘 어섬(사회역사적 시간 개념)
일반적 과학적 방법	예측과 극단적 추상화에 입각한 설명	묘사와 경험에 의해 수정된 추상에 입각한 묘사와 설명

출처: 스웨드버그, 1990:61

그는 경제적 행위와 경제 제도의 관계를 통해 거래 불확실성을 최소화 할
수 있는 '신뢰'를 어떻게 확보할 것인가라는 문제를 연구하면서 핵심 개념으
로 '배태성'을 거론한다.10) '자리 잡거나 터 잡음'을 의미하는 배태성은 그라

10) 그라노베터는 이미 1973년 논문(Granovetter, 1973)에서 '약한 연결의 힘'이라
   는 '연결망' 문제를 제기하였고, 이러한 연결망 개념을 노동시장에서 직업을

노베터의 경제행위와 경제제도에 대한 다음과 같은 전제에 잘 드러나고 있다.

> 경제행위는 사회의 다른 행위와 분리될 수 있는 것이
> 아니라 사회적 행위의 한 형태이다. 둘째, 경제행위는
> 이윤극대화를 추구하는 합리적 이윤동기에 의해서만 설
> 명될 수 없으며, 비합리적인 요인이 때로는 경제행위를
> 설명하는 주요 요인이 된다. 셋째, 경제제도는 사회적
> 구성물로, 인간의 경제행위와 무관하게 외재적으로 존
> 재하는 것이 아니라 경제행위의 역사적, 사회적 누적에
> 의해 형성, 변화되는 것이다.11)

사회적으로 구성되는 경제행위와 경제행위의 역사적 구성물로서의 경제
제도의 상호연관성을 통해 경제행위와 경제제도의 효율성을 설명하는 그라
노베터의 논의는 '구조'와 '행위'의 이중성에 주목하는 것이다. 그라노베터의
설명방식은 일반화된 도덕성을 강조하는 과잉사회화 된 접근(사회학적 인간

구하는 사람들의 연결망에 적용, 처음으로 사회연결망 모델의 틀을 제시했다
(Granovetter, 1974). 그라노베터는 1973년 글은 '제한적 소규모의 상호작용 측
면'에 관한 연구로, 그는 사람들 상호간의 연결망의 힘(strength)에 관해 논하
고 있다. 그는 연결망 분석이 어떻게 다양한 거시적 현상측면과 관계를 맺는
지를 보여주고 있는데, 여기서 거시적 측면이란 확산, 사회운동, 사회적 응집
성 등을 의미한다. 두 개인간의 연결망의 중첩성 정도는 직접적으로 다른 사
람들과의 연계의 힘의 다양성을 결정하는데, 이는 영향력 혹은 정보의 확산,
기회구조와 국지적(local) 조직의 개발 원칙의 영향력에 관한 것이다. 그라노
베터의 '약한 연계의 힘 cohesive power of weak ties'에 대해 강조한다. 그는
개인이 속한 연결망의 특성과 그 연결망 내의 개인의 위치가 개인에게 어떤
영향을 미치는가를 분석, 사람들이 맺는 관계의 강도(relational strength)를 기
준으로 강한 연결(strong tie)과 약한 연결(weak tie)을 나눈다. 그는 약한 연
결망을 다룸으로써 논의를 집단이다 사회구조의 하부 분절사이의 관계에 대
한 논의로 확장시키고 있는데, 이는 개인의 인적 경험(미시차원)이 밀접히 사
회구조라는 보다 큰 규모 측면(거시차원)을 포괄하고 있다는 주장이다. 이러
한 그라노베터의 성과는 경제사회학의 연결망 모델의 개념적 틀을 제시했다
고 볼 수 있다.

11) 그라노베터, 1985.

형)과 비인격적이고 제도적인 구조를 강조하는 과소사회화 된 접근(경제학적 인간형)의 중간 사이에 위치하고 있는 것으로 보인다. 그는 배태성을 '경제행위와 경제 산물들은 다른 모든 사회적 행위, 사회적 산물과 마찬가지로 행위자의 양자관계(dyadic relation)와 관계에 의해 형성되는 연결망 구조의 영향을 받는 것'으로 정의한다. 배태성은 '관계적 배태성'(relational embeddedness)과 '구조적 배태성'(structural embeddedness)으로 구분할 수 있다. '관계적 배태성'이란 개인의 경제행위에 직접적 효과를 미치는 것으로 행위 당사자들 간의 개인적 관계에 의해서 결정되며, 이는 특수한 관계(예를 들어 양자간의 인간관계, 과거의 경험, 상호간의 기대 등등)가 그들 행위에 영향을 미칠 수 있음을 의미하는 것이다. '구조적 배태성'은 '관계적 배태성'이 축적되어 사람들은 과거 상호작용에 의해 축적된 것을 기반으로 새로운 상호작용을 시작한다는 것을 뜻한다.

그라노베터는 배태성 개념을 신뢰와 부정의 문제에 대비하여 설명하고 있다. 그는 경제학에서는 경제행위에서의 신뢰와 부정의 문제를 경제학에서는 제도를 통해 해결하고자 했으나, '신뢰'의 기능적 대체물로서의 '제도'는 신뢰 그 자체를 창출하지는 않는다고 본다(그라노베터, 1992). 그러나 배태성은 신뢰를 가능하게 하고 부정을 방지하는 구체적인 인적관계와 그 관계의 연결망이 갖는 역할을 강조하는 개념임을 주장한다. 그라노베터는 이처럼 경제행위가 배태되는 사회적 맥락을 연결망으로 설명하고 있다. 다음에서는 이러한 연결망의 다양한 의미에 대해 살펴보도록 하겠다.

2. 연결망에 관한 논의들

그라노베터에 의해 발전한 배태성 개념을 실증적으로 확인할 수 있는 분석개념이 '연결망'이다. 연결망은 오늘날 경제사회학의 주류적 개념이라고 할 수 있는데, 이는 이미 설명한 것처럼 문화결정주의적 시각에 비해 인간

대리인(human agency)을 설명할 수 있는 여지를 주었으며, 원자화된 개인
주의적 시각에 비해 '구조' (structure)나 '통제' (control)를 강조한다는 점
에서 또 다른 장점을 갖고 있다.

　그런데 '연결망'은 구체적으로 어떤 의미를 갖는 것일까? 경제행위의 사
회적 조정양식(coordination mechanism)에 대한 새로운 시각의 접근
(Powell, 1992)이라고 할 수 있는 연결망 개념은 오늘날 일반화된 유행처
럼[12] 나타나고 있다. 이는 정보기술을 기반으로 한 기업들이 기업 내부
혹은 기업들 간 관계가 시장기제 혹은 위계기제로만 설명할 수 없는 혼성
적 형태(hybrid form)를 보이고 있다는 점과 무관하지 않다. 즉, 기술기
반 산업의 지역적 성장(미국의 실리콘밸리, 이탈리아 의류산업단지)과 아
시아 지역의 경제성장 등이 연결망 조정기제에 대한 관심을 증폭시키는
계기가 된 것으로 보인다. 1980년대 발전하기 시작한 연결망 논의는 1990
년대 이르면 경제사회학의 일반화된 논의로 받아들여지고 있다. 그러나 연
결망에 대한 관심의 증대에도 불구하고 연결망의 개념은 사실 명확하지
않거나 모호하고, 구체적으로 연결망 조정기제가 무엇인지에 대한 합의가
존재하는 않는 것처럼 보인다. 존 등 (Jones, C., Hesterly, W. and
Borgatti, S.P, 1997)은 연결망의 다양한 정의에 관한 연구 성과를 <표
2-2>과 같이 정리하고 있다.

---

12) 연결망 혹은 네트워킹이라는 용어가 마치 '세계화'라는 용어가 유행하듯이 하나의
　　유행처럼 여러 영역에서 나타나고 있다. OECD에 따르면 이러한 유행의 근저에
　　는 1) 새로운 정보통신기술의 급속하고도 일반화된 확산과 더불어 통신네트워크
　　가 수행하는 기술적 핵심요인에 대한 인식과 2) 새로운 기술창출이 독자적인 개
　　별 기업의 고립된 노력만으로 가능한 경우가 점점 줄어들면서 조직간 연관과 연
　　계 위에 형성된 복잡한 메커니즘을 통해 창조, 발전되면서 시장에 등장하고 확산
　　된다는 기술과 사회 환경, 조직 환경의 변화에 대한 인식이 자리 잡고 있다는 것
　　이다(OECD, 1992)

<표 2-2> 연결망의 다양한 정의

연 구 자	용 어	Definition of Network Governance
Alter & Hage, 1993	Interorganiza-tional Network	조직내 연결된 혹은 연결되지 않은 군집 (cluster), 그리고 법적으로 독립된 비위계적 집합체(collectives)
Dubini & Aldrich, 1991	Network	개인, 집단, 조직간 유형화된 관계
Gerlach & Lincoln, 1992	Alliance Capitalism	시장을 통한 전략적, 장기간의 관계
Granovetter, 1994; 1995	Business Group	공식적, 비공식적 방식으로 중간 수준에서 연계된 기업집합체
Kreiner & Schultz, 1993	Network	비공식적 조직간 협동들
Larson, 1992	Network Organizational Form	장기간 빈번한 교환이 상호의존성을 창출하고, 이는 강제, 기대, 평판과 상호 이해를 강화시킴
Liebeskind, Oliver, Zucker & Brewer, 1996	Social Network	규범과 신뢰행위를 공유하는 개인들 간의 집합성
Miles & Snow, 1986; 1992	Network Organizations	시장 메커니즘에 의해 조정되는 기업군집 혹은 특수 단위들
Powell, 1990	Network forms of Organizations	자원과 호혜적 의사소통의 수평적 횡적 교환유형

출처: Jones 외, 1997: 2

<표 2-2>에서 나타나듯 존 등(Johnes et al., 1997)은 연결망에 대한 정의가 대략 두 가지 흐름으로 정리될 수 있다고 보는데, 1) 관계에서의 상호작용 유형을 기준으로 하는 경우와 2) 독립된 단위들 간의 자원의 흐름을 기준으

로 하는 경우이다. 전자에 포함될 수 있는 논의들은 교환의 수평적 횡적 유형을 강조(Powell, 1990)하거나 장기간 빈번한 교환이 상호의존성을 창출하는 경우(Larson, 1992), 비공식적 기업 간 협동(collaborations)에 대한 강조(Kreiner & Schultz, 1993), 호혜적 의사소통 관계(Powell, 1990), 개인, 집단 조직간 특징적 관계 유형의 강조(Dubini and Aldrich, 1991), 시장에서의 장기간의 전략적 관계(Gerlach and Lincoln, 1992), 중범위 수준의 연계를 사용한 기업집합(collections of firms) (Granovetter, 1994)등이 있다. 후자는 위계적이지 않은 조직의 군집(cluster) 사이의 자원의 독자적 흐름에 대해 강조하는 논의(Powell, 1990)가 포함될 수 있다. 한편, 연결망 개념을 정의하는 것 역시 아주 다양한데, '연결망 조직' (Miles and Snow, 1986), '연결망 조직형태' (Powell, 1990), '기업간 연결망', '조직 연결망' (Uzzi, 1996a, 1996b) '유연전문화' (Piore and Sable, 1984), '의사기업' (Eccles, 1981) 등의 용어들은 모두 기업간 조정(coordination)에 관한 정의들이다. 이러한 연결망 정의는 연결망을 유기적이며 계약적 관계와는 구별되는 것으로서 파악하고 있다(Gerlach, 1992; Nohria, 1992).

이러한 다양한 연결망 정의에 입각한 연구 경향은 그 포괄 범주가 넓을 수밖에 없고, 따라서 '연결망 연구'를 하나의 경향으로 묶어지기 어렵게 하는 요인이 되기도 한다. 포웰과 도어 등은 연결망 틀을 사용한 연구경향을 크게 두 가지 범주로 정리하고 있다(Powell and Smith-Doerr, 1994). 첫째, 분석도구로서의 연결망 연구로서, 이는 사회관계를 조망하기 위한 분석 수단으로 연결망을 사용하는 것으로 기업내부에서, 기업을 연결하는 조직간 연결형태 혹은 조직 환경 내에서의 연결망에 관한 접근이며, 둘째, 지배형태로서의 연결망을 파악하는 접근법으로 연결망을 일종의 조직의 논리로 파악하면서 경제 행위자간 관계를 지배하는 방식으로서 연결망 연구를 전개한다. 지배형태로서 연결망을 연구하는 경향은 '왜 새로운 생산논리가 발생했는지'를 해명하고자 하며, 혹은 그러한 변화를 야기한 규범적 설명을 시도한다.

오늘날 정보기반 연결망은 기계시대에서 정보시대로의 이행을 설명하는 주요 근거이기도 하다. 성공적인 기업을 설명하면서, 연결망은 기업 내부에서 만들어낼 수 없는 자원이나 노하우에 빨리 접근할 수 있는 수단으로 설명되기도 한다(Nohria 1992). 보스톤지역의 벤처포럼인 128 벤처그룹에 대한 사례연구를 통해 노리아는 다양한 사회적 제도가 직업을 찾는 과정에서 연결망을 형성하면서 어떤 역할을 하는지를 잘 보여주고 있다. 보스톤의 MIT를 중심으로 한 128벤처그룹은 실제 이 포럼에 참여한 사람들이 벤처기업을 만들어나가는 과정에서 '토속적 연결망'이라는 지역적 연관이 지역의 기업 연결망을 위한 사회적 관계로 작용한다는 점을 보여주고 있다.

포웰 등은 연결망의 다양한 연구들을 종합해 다음과 같은 주장들을 도출한다. 즉, 경제와 조직실천, 특정 지역이나 사회의 제도적 하부구조간의 핵심적 연결(linkages)이 존재하며, 산업발전은 수직적 통합이나 표준화된 대량생산방식이 아닌 수평적 생산의 연결망에 달려 올수 있으며, 신뢰, 상호 인내, 평판 등이 가격 체계나 행정적 체계를 대신할 수 있다고 본다. 한편, 분석도구로서의 연결망과 지배구조로서의 연결망 연구경향을 통합해 모든 조직형태는 구조적 관점에서 연결망으로 이해될 수 있다는 견해도 있다. 포돌리와 카렌(Podolny & Karen, 1998)에 따르면, 연결망 조정기제에 대한 관심은 1980년대 환경의 변화에 기인한 점이 많다고 하면서, 예를 들어 미 정부의 협동연구법(National Coordinative Research Act)은 과거에는 기업 경계를 넘어서는 연구 활동을 금지했지만 오늘날은 그렇지 않다는 점을 들고 있다. 이들이 보기에 연결망이란 시장 혹은 위계의 특정 부문이 섞여있는 혼합형태의 조직으로 파악해서는 안 되며, 독립적인 조직형태로 이해되어야 하는데, 시장과 위계는 결점(nodes)과 연결(ties)로 구성된 기본적 연결망 분석으로 표현될 수 있다는 것이다.

산업구조나 시장을 연결망 틀로 이해하고자 하는 시도는 오늘날 기술기반 산업의 성장과 이들 산업에서 나타나고 있는 지역집적 현상, 새로운 조직형태의 출현 등을 설명할 수 있는 유용한 이론적 접근이라고 볼 수 있다. 예를 들어 특정 산업지구를 연구하고자 할 때, 우리는 산업지구 전체를 관통하고 있는 것은 지배형태로서의 연결망 특성을 상정할 수 있으며, 그 산업지구를 구성하고 있는 기업을 분석단위로 설정했을 때 이들 내부에서 나타나는 조직형태의 특성, 환경적 요인에 적응하기 위한 조직전략, 경쟁의 형태 등을 파악할 때 우리는 분석도구로서의 연결망을 적용할 수 있다. 따라서 이 두 가지 연구경향을 분석수준에 따라 나눠질 수 있는 것이지 서로 배타적인 연구로 파악해서는 안 된다.

3. 배태성의 적용: 시장구조 분석

산업구조나 시장구조 분석은 '특정 구조에서 행위자들 간 경쟁이 어떤 방식으로 전개되는지'를 연구하는 것이라고 할 때, 시장에서의 완전경쟁을 가정하는 고전경제학적 접근과는 달리 경제사회학의 접근 방식은 시장경쟁은 행위자들 간의 상호작용에 의해 그 모습이 달라진다는 것을 전제하고 있다. 따라서 시장구조는 변화하지 않는 상수(constant)로 취급되는 것이 아니라 분석대상인 변수(variable)로 취급된다. 예를 들어 디지털컨텐츠 시장에서의 기업들 간의 경쟁은 기업들이 서로 어떻게 직·간접적으로 연결되어 있느냐에 따라(기업 간 연결에 의한 구조의 형성) 기업들 간 경쟁의 양상이 다르게 나타난다는 것이다. 다시 말하면 시장구조분석에서 초점이 되는 것은 시장'구조'가 '행위'에 의해 끊임없이 변화하고, 이러한 구조적 변화는 구조 속에 자리 잡은 기업의 전략적 행위에 지속적인 영향을 준다는 것이다.

이처럼 경제사회학의 행위와 구조를 설명하는 핵심개념으로서 배태성 개념을 산업분석에 적용한 논자는 버트(Burt)이다. 그는 미시적 분석수준에서 시장경쟁이 어떤 방식으로 작동하는지를 '경쟁 메커니즘'을 통해 보여준다. 다시 말하면 행위자 수준에서 행위자들이 다른 행위자들과 안정된 관계를 갖고 있을 때와 그렇지 않을 때 경쟁이 어떻게 작동하는 지를 분석하는데, 이는 관계의 형식에 관한 논의를 이어진다. 버트에 따르면 행위자의 구조 내에서의 위치(position)는 권력(power)과 강제력(constraint)을 행사할 수 있는 근거를 제공한다. 따라서 행위자 연결망의 자원(resources)에 관한 정보를 분석하는 '구조적 분석'은 행위자의 권력과 영향력을 잘 보여줄 수 있는 것이다.

버트(1992)는 행위자들 간의 관계에서의 특정한 위치가 경쟁에서 유리한 위치와 함께 이윤을 제공한다는 점을 주장한다. 따라서 행위자가 어떤 구조에 위치해 있는지가 아주 중요하다. 경쟁에서 이윤을 제공하는 유리한 위치란 바로 '구조적 공백'(structural hole)이라는 관계의 특징을 의미하는 것으로, 이는 행위자가 맺고 있는 관계 속에 구조적 공백이 많으면 많을수록 경쟁에서 보다 많은 이익을 얻을 수 있다는 것이다.[13] 연결망의 구조적 공백이 주는 이익은 '정보'와 '통제'이다. 예를 들어 당신이 판매자이고, 구매자 A와 B가 서로 모르는 상태라면, 당신은 A와 B가 서로 모른다는 점을 이용해 가격을 조정할 수 있다. 그러나 만일 A와 B가 서로 잘 알고 있다면 오히려 A와 B가 담합하여 당신을 통제할 수 있다. 다시 말하면 연결망 내에서 서로 모르는 두 사람을 모두 알고 있는 한 사람이 제3자의 이익을 누릴 수 있는 것을 '통제의 이익'이라고 한다. '정보의 이익'이란 당신이 알고 있는 사람들이 서로 모르는 사람들일 때 그들 각각으로부터 나오는 정보가 더 많을 것이라는 의미인데, 이러한 상황을 버트는 비중첩적 관계(non-redundant relation)로부터 더 많은 정보를 얻을 수 있다고 말한다. 이렇듯 정보와 통제의 이익을 누릴 수 있는 사람은 연결망 내에서 구조적

---

13) 이러한 버트의 '구조적 공백'개념은 우리가 앞서 논의한 그라노베터의 '약한 연결망 weak tie'과 유사한 개념으로 보인다. 버트 역시 자신의 구조적 공백이 그라노베터의 약한 연결망 개념과 유사한 점을 인정하지만 그라노베터의 경우 이윤의 원천을 관계의 강도(strong/weak)로 파악함으로써 잘못을 범했다는 것이다. 버트는 이윤의 원천은 강도가 아니라 연결망 속의 구조적 공백의 유무에 있다고 주장한다(Burt, 1992)

자율성(structural autonomy)을 갖고 있다고 할 수 있다. 버트에 따르면 구조의 공백이 많은 연결망을 갖고 있는 사람은 구조적 자율성을 갖게 되며, 상대적으로 더 많은 정보와 통제의 이익을 누릴 수 있는 반면, 구조의 공백이 적은 연결망에 속해 있는 행위자는 구조적으로 구속되는 위치에 처하게 된다고 한다. 버트는 이러한 자신의 이론적 논의를 바탕으로 산업연관표를 이용, 생산물시장에서 이윤율이 높은 부문은 구조적 공백이 상대적으로 많기 때문임을 설명하고 있다. 이러한 버트의 연결망과 구조적 자율성 논의는 결국 산업구조 내에서 특정 산업이 위치하고 있는 공간에 따른 경제적 성과의 차이를 보여주고자 했다.

기업의 경제활동의 장(場)인 시장에서 개별 기업이 다른 기업과 맺는 연관(network)을 통해 시장분석을 시도하는 사회연결망 분석을 뒷받침하는 이론적 자원으로 조직생태학이론을 들 수 있다. 한난과 프리만(Hannan and Freeman, 1989)등에 의해 1970년대 후반 이후 발전된 조직생태학이론은 거시조직이론이 등장하던 시기에 나타났다. 다시 말하면 조직생태학이론은 조직이론의 패러다임이 조직 내부의 문제에서 외부환경까지를 고려한 개방체제(open system) (Scott, 1998)에 관한 연구로 변화하던 시기에 등장한 것이다. 이 이론은 '조직과 환경'의 관계를 중심으로 조직을 고찰한다는 점에서 환경의 불확실성에 대한인지와 적응 문제까지 포함하게 된 것으로 보인다(한준, 2001).

한난과 프리만은 조직이란 환경에 적응하는 것이 아닌 환경이 조직을 차별적으로 선택한다는 입장을 택하면서 기존의 적응이론(adaptation theory)의 한계를 극복하고자 한다. 이들이 보기에 개별 조직이 환경에 적응하는 것은 어떤 효율성의 논리라기보다 오히려 무작위적 요소가 강한 경우가 많으며, 조직이 일단 어떤 환경에 들어서게 되면 구조적 타성이나 관례 등으로 인해 급격한 전략수정이나 구조변환이 어렵다는 것이다. 따라서 조직의 변화는 조직 환경 내 적소에서 먼저 나타나며 개별 조직에서의 변화는 그보다 훨씬 더 비탄력적이라고 주장한다. 조직생태학에서는 이러한 시장적소(혹은 틈새시장, niche market)의 성장과 사멸에 주목하면서 시장적소에서 나타나는 경쟁을 시장경쟁의 핵심으로 파악한다. 다시 말하면 모든 기업들은 하나의 동일한 전체 시장에서 경쟁하는 것이 아니라 시장의 특정 부문에서 경쟁을 하는 것이며, 이러한 부문시장은 시장 내 기업이 다른 기업들과 맺는 관계에 따라 결정된다고 본다.

이와 같은 기업 간 관계는 기업의 효율성 제고를 위한 자본의 역할을 할 수 있는데 경제사회학자들은 기업 간 관계에서 나타날 수 있는 무형의 어떤 것을 '사회적 자본' (social capital)으로 개념화한다(Coleman, 1988). 일반적으로 경제활동과 관련하여 나타나는 자본은 재정적 자본, 인적자본 등인데 이들 자본이 개별적 속성이나 개인의 속성으로 간주될 수 있는 것이라면, 사회적 자본은 '관계적 속성'을 가진 것으로 정의될 수 있다. 즉, 타자와의 관계에 의해 생성되는 사회적 자본은 타자와의 관계가 종료되면 소멸되는 것으로 개체적 속성이 아닌 공유되는 어떤 것이다. 사회적 자본은 한편으로 추상적인 개념이며, 이 자본의 가치가 어떤 방식으로 계산될 수 있는가 하는 문제는 논쟁거리이긴 하지만, 궁극적으로 기업의 경제활동을 효율성을 제고하는데 도움이 되는 변수임은 분명하다. 특히, 정보기술사회에서 기업의 연계활동이 그 어느 시기보다 강조되고 있다. 이는 바로 사회적 자본의 역할이 증대되고 있음을 뜻한다. 다시 말하면 정보기술사회에서는 공식적이고 제도화되고 위계적인 체계보다 기업 간, 기업 내 행위자들 간의 연계에 의한 정보의 교류와 통제권의 확보 등이 기업의 성과를 높이기 위해 필요한 것임을 지적하는 것이다.[14]

---

14) 프루삭(Prusak, 2001)은 기업이 효율적으로 돌아가게 하는 무형의 그 어떤 것을 '사회적 자본'(social capital)로 정의하면서, 그러나 사회적 자본이 배척(?)받는 이유로 조직 밖에서 일하는 사람들이 많으며, 조직을 둘러싼 환경의 다양성의 증폭. 즉, 불안정한 시기에 조직원들 간의 관계 구축이 어렵다는 점 때문임을 지적하고 있다. 더욱이 사회적 자본에 어떻게 투자할 것인가를 아는 경영진이 별로 없다는 것도 문제 또한 사회적 자본 개념 도입이나 사회적 자본 자체를 확대시키기 어렵게 하는 요소라는 점을 지적하고 있다. 또한 그는 조직에 몸담고 있는 사람이라면 사람들이 서로 잘 알고 신뢰할 때 기업이 번창한다는 것은

44

    실리콘밸리의 프리에이전트들이 자유롭고 독립적으로 보이지만 이들이 성과를 잘 낼 수 있는 것은 각자가 갖고 있는 인적, 물적 네트워크를 통해 정보의 교류가 끊임없이 이루어지기 때문이다. 실리콘밸리로 대표되는 첨단산업지구에 대한 연구들은 불확실한 시장과 위험도가 높은 기술혁신 과정에서 협력 연결망 형태의 경제적 행위가 positive-sum의 시너지 효과를 내고 있음을 보여주고 있다(Saxenian, 1992). 색서니안의 연구는 실리콘밸리의 첨단기술 제조업과 소프트웨어 기업은 1982년부터 1987년까지 60%이상 성장했으며, 이 시기 고용 또한 45%이상 확장되었다는 것을 밝히고 있다. 또한 실리콘밸리를 대표하는 기업들은 핵심 공급업체와 협동하여 새로운 시스템을 만들어가면서 제품생산을 함으로써 제품개발 시간을 줄이고 서로에 대한 학습과정을 제도화시켰다.15) 조직 혹은 조직군의 환경적응성을 강조하고 있는 조직생태학이론은 경쟁의 심화 혹은 약화 정도를 조직군의 전략과 연관지어 설명하고 있다. 일반화(generalism)와 전문주의(specialism)로 나눠지는 시장전략은 시장에서 특정 조직군이 일반적 필요를 충족시키기 위한 기업전략을 취하는지 아니면 특정 집단의 필요를 충족시키는 전략을 취하는가에 따라 구분될 수 있다.

    기업을 관리하는 입장에 있는 사람이면 누구든지 쉽게 알 수 있는 일이긴 하지만 사회적 자본이 반드시 좋기만 한 것도 아니라는 점을 지적하고 있다. 이른바 group thinking이라고 일컫는 것을 조장하는 고도의 사회적 자본은 부정적인 영향을 미치기도 한다고 보는데, 이는 공통적인 신념에 대해서는 따지려 들지 않는 경향으로 다른 사람들에 대해 편협하거나 그릇된 생각을 지지하게 만들며, 이는 creative abrasion(창조적 마찰)을 일으키는 일에 제동을 걸게 하기도 한다는 점을 지적한다.

15) 실리콘밸리의 대표적 통신 제조업체인 시스코시스템의 경우, 전략적 M&A를 통해 회사를 계속 성장시키고 있는데, 시스코 시스템은 9년만에 회사규모를 170배나 성장시켰으며, 이 과정에서 M&A된 기업간 효율적 조직구조를 어떻게 배치해야 되는지에 대한 하나의 전형을 만들어내고 있다고 한다. 마리오 조항이 그 대표적 예인데, 이는 합병과정에서 합병된 기업의 CEO의 동의없이는 인력감축을 하지 않는다는 원칙이다. 또한 합병된 기업들의 직원들은 본사 직원과 적어도 3개월에서 6개월까지 함께 팀을 이뤄 작업함으로써 인적 화합의 구조를 마련했다.

제2절 국내 논의 리뷰

정보통신 관련 산업 혹은 인터넷 관련 산업이 시장을 형성하기 시작하면서 이들 시장형성과 시장 질서에 대한 관심이 나타났다. 이러한 관심은 정보기술사회의 신생산업에 관한 연구로 촉발되었으며, 초기 연구가 흔히 그렇듯 디지털컨텐츠산업을 포함한 기술기반 산업에 관한 연구들은 실태조사 수준에 그친 것이 대부분이었다. 따라서 이들 실태조사 자료를 근거로 시장구조에 관한 분석은 지금부터 연구되어야 할 과제라고 할 수 있다. 현재까지 정보기술 산업과 관련하여 이뤄진 연구 성과들은 1) 새로운 산업형성과정과 시장구조 파악을 위한 기초자료 수집 조사, 2) 정보기술 산업 발전에 영향을 미치는 제도에 대한 연구, 3) 계량적 분석방법인 연결망 분석을 적용한 정보기술 산업에 관한 연구 등의 흐름으로 정리할 수 있다. 1)의 연구 성과는 초기 자료의 축적이라는 의미를 갖고 있으며, 2)의 연구 성과들은 앞서 산업형성에서의 제도 요인의 검토를 통해 한국 정보기술기반산업의 발전에 대한 전망을 제공하고 있다. 마지막으로 3)의 흐름은 경제사회학의 미시적 분석방법론을 적용, 계량적 분석을 통해 기술기반산업의 시장경쟁에 대한 본격적인 분석의 시도로 파악할 수 있다.

1. 실태조사 관련 연구들

정보기술관련 산업 실태조사 연구는 주로 관련 협회나 정부 주도 하에 이뤄진 것이 대부분이다. 이들 연구는 기술경제 패러다임 하에 새롭게 등장한 산업부문에 대한 효율적 정책수립을 위해 현재의 객관적인 상황 파악차원에서 이루어졌다. 디지털컨텐츠 산업을 대상으로 한 실태조사는

2000년에 이뤄진 것이 그 시초이며, 1990년대 후반에 이뤄진 실태조사에는 정보통신산업 부문을 대상으로 하거나 벤처기업을 대상으로 한 것들이 많다(정보통신부, 중소기업청, 소프트웨어산업협회, 소프트웨어진흥원, KISDI). 이들 실태조사는 정보기술 산업에 대한 1차 자료를 제공하고 있다. 벤처기업을 대상으로 하는 연구가 최근 가장 많이 이뤄지고 있는데, 거기에는 벤처기업의 실태 파악, 벤처기업 문화, 벤처기업 조직적 특성, 벤처기업의 환경요인 탐색 등이 내용이 주로 포함된다. 또한 연결망(네트워크)에 초점을 맞추면서 기업 간, 산업 간 전략적 제휴 협력 관계나 인적 연결망 등에 대한 탐구들도 나타나고 있다.

벤처기업의 실태조사, 시장구조, 기업전략에 관해서도 정보정책연구원(KISDI)의 연구들이 두드러진다.16) 이인찬(1997; 1998; 1999)등은 벤처기업의 실태조사연구, 벤처기업을 창출하기 위한 인큐베이팅(incubation)에 대한 연구를 통해 벤처기업의 현황을 파악하고, 벤처기업들의 시장 경쟁력 확보 전략 정책을 제안하고 있다. 그들은 벤처기업 업종별로 현황을 파악한 다음, 벤처기업 성장단계별로 기업특성을 분석, 각 단계에 적합한 전략 유형을 검토하고 있다. 또한 성장단계별 벤처기업에 대한 성공요인을 도출한다. 이들의 연구는 실증 데이터에 기초한 현황 파악 또는 분석이라는 데서 의의를 갖고 있으며, 이 후 연구의 기초 자료로 활용될 가치가 높다고 판단된다. 첨단산업지구의 성공요인에 대한 연구는 초기 성공요인의 병렬적 나열에서 벗어나 그 인과성을 탐구하기에 이르렀다. 중소기업청 역시 벤처기업 실태조사 자료를 1999년부터 매년 발표하면서 벤처기업들이 영역별로 어떤 성과를 내고 있는지, 지역별 집적 정도 현황에 관한 자료를 축적하고 있다. (중소기업청, 1999; 2000) 그러나 이들 조사 보고서들은 대부분 정보산업에 대한 여러 요인들의 상관관계나 요소 결합을 통한 산업의 역동성을 포착해 내기에는 미흡해 보인다. 김용학(2001) 역시 이러한

---

16) 비슷한 연구경향으로 백현기, 백종태(1998), 정승화, 안준모(1998) 등이 있다.

한계를 지적하고 있는데, 그는 초기 연구들이 기업의 설립시기, 자본규모, 창업자의 특성, 제품의 시장성, 경영능력 등과 같은 요인들을 독립변수로 설정하여 각 요인들의 상관관계나 결합 등을 동적으로 분석하지 못한 채 긍정적, 부정적 영향을 미쳤는지 만을 진단하는 수준에 그쳤다는 점을 비판하였다. 그리고 기술기반 벤처기업들 자체가 창업자를 중심으로 한 인적 자원과 물적 자원, 기술적 자원을 중심으로 형성된 독특한 연결망 유형을 보이기 때문에, 이들 요인들의 상호관계를 다(多)인과론적으로 분석할 필요성이 더욱 중요하다는 점을 강조하였다.

2. 산업 발전의 제도적 접근에 관한 연구들

다음으로 정보기술 산업의 형성과 발전과정에서의 구조나 제도에 관한 연구들에서는 주로 특정 지역의 집적효과를 다루거나 기술 산업 발전과정에서 국가의 역할, 국가와 사회제도, 산업들 간의 조응 등에 주목하는 논의들이 있다. 지역의 집적효과를 다루고 있는 논의들은 다양한 차원에서 전개되고 있는데, 소프트웨어산업의 지역집적 효과와 정부의 정책방향을 다룬 경우(황주성, 1999), 지역기반의 기술협력 연결망에 대한 분석(한경희, 2000)이나 정보기술 산업의 전후방연계 효과 등에 대한 연구들이 있다. 황주성 외(1999)의 연구는 서울소프트웨어 타운에 대한 입지효과를 포터(M Porter)의 클러스터이론을 적용, 각 요소들을 검증하고 있다. 이 연구는 테헤란 밸리를 중심으로 한 서울소프트웨어 타운의 지역집적에서 가장 효과적인 요소는 '네트워크'(연결망)라는 점을 밝힌다. 그 결과는 경제지리학 분야에서도 지지되고 있다. 박삼옥(1999)은 기능인력, 기술혁신, 외부 경제효과를 통해 산업이 공간적으로 군집(clustering)하는 현상이 지역의 성장과 경쟁력의 핵심적 요소라는 사실이 강조하고 있으며, 오이나스와 말레키(Oinas & Malecki, 1998)는 첨단산업단지의 성공의 주요 요인으

48

로, 지역 내 네트워크의 존재 여부, 지식이 전파되기 위한 지역 내 학습, 벌어들인 돈에 관한 문화의 존재, 사회구조가 기술혁신이 나타날 수 있는 어떤 특성을 갖고 있는가 여부, 여러 혁신주체들의 사회적 연결을 가능케 하는 제도적 기관 또는 조직이 얼마나 많고 다양한가의 여부, 지역 내 유연하고 혁신적인 문화의 존재 여부 등을 들고 있다.17) 한경희(2000) 역시 대전의 대덕 벤처밸리라는 연구단지의 분리신설기업(spin-off)을 대상으로 연구소, 기업, 대학이라는 이른바 산학연 연결망(네트워크)에서 기술적 협력이 어떻게 이뤄지는 가를 분석한다. 그리고 이러한 기술협력 연결망 연구를 통해 국가 주도적 기술경제모델이 갖는 함의를 밝히고 있다. 그가 보기에 기술경제 패러다임 하에서 국가 주도적 지원전략은 '제한된 성공'만을 거둔 것으로 판단되는데, 그 이유는 기술협력 연결망이란 단순히 국가의 집중적 지원에 의해서가 아니라 관련된 행위자들의 능동적 상호작용에 의해 활성화될 수 있기 때문이다. 한상영(1999)은 일본의 정보기술 산업을 대상으로 산업 실패의 원인을 국가(정책)와 산업의 네트워크의 비(非) 조응(調應)에서 찾고 있다. 일본의 퍼스널컴퓨터산업의 발전과정을 분석하면서 국가의 개입방식과 산업간 연결망 형태가 컴퓨터 산업이라는 기술기반 산업의 특성에 부합하지 못함으로 인해 첨단산업의 발전을 억압하는 결과

---

17) 이와 관련하여 미국사례연구이긴 하지만 Saxenian(1990)은 실리콘밸리와 보스톤의 128지역을 비교한 연구는 흥미를 끈다. 미국의 대표적 첨단지역을 비교 연구한 이 글은 1980년대 위기상황에서 각 지역의 첨단산업단지가 어떻게 위기를 극복하거나 실패했는지를 비교 분석하고 있는데, 그녀는 실리콘밸리가 유연한 조직문화로 위기를 극복한 반면, 보스톤의 경직된 관료적인 조직문화는 위기탈출에 실패한 요인이 되었음을 지적한다. 섹스니안이 보기에 실리콘밸리가 위기상황에서 벤처문화의 고유한 특징을 지속시킴으로써 위기를 극복할 수 있었다는 점을 들고 있는데, 그녀는 보는 실리콘밸리의 문화사회적 요인으로는, 실패를 용인해 주고, 위험을 감수하며 지역사회에 재투자하고, 변화를 열망하는 사회적 분위기, 급속한 기술 변화에 신속히 대처하며, 능력을 최우선시 하고, 타인종이나 여성에 대해 문호가 개방적이며, 공식/비공식으로 정보를 나누는 분위기, 창의성을 북돋우는 자유분방한 사고방식과 경영방식, 스톡옵션으로 대변되는 성공에 대한 강력한 보상 등이 바로 그러한 것이다.

를 가져왔다는 것이다. 이는 제조업의 성장을 가능케 했던 발전 국가적 방식으로 산업발전에 개입하고자 했던 국가와, 각자의 표준으로 시장을 지배하고자 했던 기업들 간의 시장선점 전략이 표준화, 수확체증, 호환성의 원리가 중시되는 컴퓨터 산업의 특성과 배치되었고 그 결과 일본의 컴퓨터 산업은 세계 시장경쟁에서 뒤쳐질 수밖에 없었던 결과를 가져왔다는 것이다. 즉, 제조업을 중심으로 확립된 산업체제가 제도의 관성에 의해 첨단산업인 PC산업에서도 그대로 구조화되어 기업간 연결망이 대기업 중심으로 분할되었고, 이것이 신기술 개발 등에서 비효율적으로 작용했다는 것이다. 대기업 중심의 수직적 연결망은 시장을 비표준화 된 하부시장으로 분할함으로써 표준화가 가장 중요한 원리로 작용하는 기술기반 산업의 핵심을 놓치게 되었다는 것이다. 또한 국가는 시장분할을 통해 시장점유율을 유지하고자 했던 기업들의 다양한 이해관계를 조정하는데 실패함으로써 지금까지 산업발전에서 국가가 보여주었던 적극적인 조정자 역할을 하지 못했다는 것이다.

여기에는 벤처기업이 특정 지역에 모이게 된 과정, 그 과정에서 다양한 자원을 동원하기 위해 기업들이 어떻게 상호관계를 형성했는지, 기술혁신 산업의 기술 확산 경로에 대한 탐색적 연구들이 포함된다. 이들 논의는 기술의 창출 및 확산, 상품으로의 전환 등은 체제내의 한 요소의 개별적 성과뿐 아니라 체제 내 모든 요소의 집합인 연결망으로 이해되어야 한다는 국가혁신체제론(national innovation system)이나 복잡한 기술상황에서 효과적으로 경쟁하기 위해서는 경쟁자와의 협력관계, 발달된 협회, 발달된 네트워크, 집단적인 자원이 필요하며, 이러한 제도적 요인들은 행위자 혼자서는 만들어 낼 수 없는 것(Hollingsworth, 1990)이라는 사회적 생산체제로서 지배조정기제(government mechanism) 등의 이론적 자원들이 동원되고 있다. 결과적으로 이러한 논의는 산업의 구조적 변화는 그에 적합한 제도적 틀을 요구한다는 경제사회학의 제도적 접근의 유용성을 확인시켜 주고 있다.

3. 시장구조 분석에 관한 연구들

연결망 분석기법을 적용하여 시장구조 분석을 시도하고 있는 연구들은 경제행위자로서 기업들이 시장에 참여하는 양상을 통해 시장에서의 경쟁의 성격과 시장전략 혹은 기업전략을 분석하고 있다. 이들 논의는 정보기술 산업의 시장구조가 어떤 형태로 분절되어 있으며, 이러한 분절된 시장구조에서 기업들은 경쟁을 위한 어떤 전략을 취하는지 등에 관심을 보인다. 김경동 외(1999), 이재열 · 조권중 · 조동기(1999), 박찬웅 외(2000), 한준(2000), 이건 외(1999) 등의 연구들이 그것이다. 이들 연구는 정보통신산업의 시장구조를 시장참여와 행위자(기업)의 관계망을 분석하여 시장이 하위시장으로 분절되어 있으며, 따라서 분절된 시장에 참여한 기업들의 시장전략은 하위 시장에 따라 달라진다는 점을 강조하고 있다. SI산업의 시장구조를 다룬 김경동 외(1999)의 연구는 소프트웨어 산업 중 SI(System Integration)산업의 하청관계를 중심으로 연결망 구조를 분석하여 개별 기업이 연결망 내에 차지하고 있는 위치가 기업의 성과에 어떤 영향을 미치는 지를 밝히고 있다. 다시 말하면 SI산업의 발주기업과 수주기업들이 용역의 발주와 수주라는 경제적 행위관계를 통해 관련을 맺고 있으며, 이러한 '관계맺음'은 기업들 간의 경쟁을 설명하고 기업군의 형성을 설명할 수 있는 유용한 도구라는 것이다. 이 연구는 SI산업에 참여한 기업이 시장에서 나타내는 경쟁관계를 분석해 경쟁의 양상을 설명한다. 이들 연구에 따르면 SI산업이 크게 11개의 국지적 중심(Localized center)으로 구성되어 있으며, 국지적 중심을 가운데 두고 그 바깥에 관련 연결망이 모여 있다는 것이다. 따라서 SI기업들 간의 경쟁은 전체 시장에서 이루어진다기보다는 분절된 하부시장에서 나타나고 있으며, 이러한 시장구조에서 분절된 양 시장을 이어주는 역할을 하는 브로커(broker)들은 자신들의 위치적 이점으로 성과를 보이고 있다고 분석한다.

이재열 외(1999)의 연구는 정보제공 산업(Information Provider

Industry)의 시장구조를 분석하고, 이러한 시장구조 형성에 영향을 미친 여러 제도적 요인의 역할과 이들 요인간의 관계를 사회적 생산체제로서의 지배조정기제(Hollingsworth) 개념을 동원해 설명하고 있다. 이 연구는 정보제공 산업(Information Provider Industry)을 연구대상으로 설정하고 있는데, 정보제공 산업은 정보기술(데이터베이스기술과 통신기술의 결합)을 기반으로 출현한 산업이다. 이 연구는 시장지배구조론(governance theory)의 시각에서 기술변화, 기술혁신에 따른 새로운 시장의 출현과정 등을 검토하고, 연결망 분석방법을 사용해 정보통신산업이 전체 산업 내에서 차지하는 위치를 구조적 등위성, 시장제약, 전후방연계효과 등의 측면에서 살펴본 다음, 정보제공 산업의 내부시장구조를 정보제작사와 정보유통사의 데이터베이스 공유를 중심으로 한 연결망을 파악하고, 하위시장 유형에 따라 시장성과에서 차이가 있는 지를 분석한다. 이 논의는 연결망 분석을 통해 정보제공 산업을 연구함으로써 정보제공 산업이 가진 시장구조에 대한 이해를 시도하며, 동시에 시장 구조 내 개별 기업이 차지하는 위치를 통해 기업(군)의 전반적 전략(일반적 전략과 전문가전략의 구분)을 도출하고 있다. 이러한 기술기반산업 시장구조에 관한 연결망 분석은 기업간 연결망과 기업 성과에 대한 기존 이론을 토대로 하여 현재의 시장 상황을 분석하고 여기서 도출 가능한 기업들의 전략적 연합 등을 검토하는 방식을 취하고 있다.

이상에서 살펴보았듯이 기술기반산업의 시장구조 분석, 경쟁의 구조를 파악하기 위해서는 연결망 접근이 유용하다고 할 수 있는데, 정보기술혁명의 도래를 예단한 토플러(Toeffler)도 기업의 미래에 대해 언급하면서 '관계집단', '연결망' (connectivity)의 중요성을 거론한다. 그가 보기에 과거 기업이 가졌던 수직적 통합 효과는 지식기반사회에서는 더 이상 발휘될 수 없으며, 이제 기업의 가치는 그 기업이 어떤 기업과 관계를 맺고 있는지(생산연결망 혹은 분배연결망 등), 그리고 그러한 관계 망에서 개별 기업이 어떤 위치를 점하고 있는지가 그 기업의 가치를 평가하는 기준이 된다는 점을 강조하고 있다. 연결망 접근을 통한 시장구조의 경쟁의 의미를 파악하기 위해서는 다음과 같은 몇 가지 주제들에 대한 고려가 필요하다 (장덕진, 2000). 먼저, 경쟁의 국지화(localization)와 시장의 문제인데, 앞서 반복해서 설명한 것처럼 하나의 산업군을 전체 시장으로 상정하는 것은 문제가 있다는 것이다. 예를 들어 음료시장은 단일한 시장이 아니라 스포츠음료시장과 탄산음료 시장 등으로 그 시장의 성격이 다르게 나타나며, 따라서 실제 한 산업 내에 여러 시장이 존재하는 것이 일반적이다. 그 이유는 산업은 기술적으로 주어지는데 반해 시장은 실제 경쟁하는 생산자들 사이에 존재하기 때문이라는 것이다. 다시 말하면, 산업이 범주를 구성한다면 시장은 집단으로 구성된다. 따라서 구조적 등위성은 경쟁의 정도를 측정할 뿐만 아니라 동시에 시장의 경계선을 측정하기도 한다.

그렇다면 왜 한 산업 내에 다수의 시장이 형성되는가? 이는 제한적 합리성으로 인한 측정비용의 증가와 공간적 제약 때문이다. 모든 시장경쟁은 국지화 되어 나타난다. 그 다음으로 전략적 배태의 문제로 이는 배태된(embedded) 행위와 능동적 의미의 배태시킴(embedding)이라는 두 가지 차원에서 논의될 수 있다.18) 현실 시장을 들여다보면 비효율적인 기업이 항상 시장에서 퇴출되는 것은 아니다. 예를 들어 공기업의 경우 지속적인 비효율성에도 불구하고 조직은 여전히 존재한다. 이는 시장에서 효율성 이외에 다른 기준이 작동하고 있음을 알게 해주는 대목이다. 사회적 필요성이나 정당성을 인정받으면 비효율성에도 불구하고 지속적인 자원동원이나 사회적지지 등이 가능하다는 것이다. 또한 기존의 비효율적인 위치를 전략적 배태행위에 의해 변화시키기도 하는데, 예를 들어 소기업들이 각 기업들을 연결시켜(bridging) 생산자 연결망을 구성하여, 기업집단의 효과를 내는 것

---

18) 김용학(1992)은 그라노베터의 논의를 설명하면서 그라노베터의 배태성은 수동적 의미의 배태됨(embedded)만을 개념화하고 있는 한계를 갖고 있다면서 구조적으로 배태된 행위자와 함께 구조를 능동적으로 배태시켜나가는 적극적 배태시킴(embedding) 행위도 함께 고려되어야 한다는 점을 강조하고 있다.

등은 이러한 능동적 의미의 전략행위로 볼 수 있다. 이는 조직생태학이론에서 환경의 선택의 기준으로 사회적 정당성(social legitimacy)이 최근 중요한 선택 원리로 설정되고 있다는 논의(Carrol, 1997; 송위진, 1999)와도 맥이 닿는다.

제3절 분석틀과 방법론

1. 분석틀

이 책의 분석틀은 <그림 2-1>과 같다. 먼저 디지털컨텐츠산업의 시장형성과정을 산업구조의 변화를 중심으로 살펴본다. 즉, 정보기술 산업의 등장이라는 산업구조의 변화 가운데 정보통신산업이 성장했으며, 이는 정보컨텐츠산업이 변화할 수 있는 환경을 만들었다고 할 수 있다. 이러한 정보컨텐츠산업의 변화가 디지털컨텐츠산업의 시장형성으로 나타난 것이다. 또한 디지털컨텐츠산업이 발전할 수 있었던 계기로는 네트워크의 확장과 정보처리기술의 발전을 들 수 있다. 이 과정에 대한 고찰은 주로 통계자료를 이용할 것이다.

이러한 디지털컨텐츠산업의 형성과 발전에 대한 고찰 이후, 이 시장의 구조적 특성을 기업 자료를 중심으로 분석할 것이다. 즉, 공동참여 연결망을 통해 시장구조 분석을 시도할 것인데, 이는 기업의 개별적 행위인 컨텐츠산업 참여를 통해 기업 간, 산업 간 관계양상이 어떻게 나타나는지를 분석하는 것이다. 이를 통해 디지털컨텐츠기업이 어떤 시장에서 경쟁을 하고 있는지를 밝히며, 동시에 컨텐츠산업간 관계가 어떤 구조적 특성을 보이는

지를 분석한다. 마지막으로 시장의 구조적 특성이 행위자인 기업의 경쟁전
략에 어떻게 반영되는지를 파악하고, 이러한 시장에서의 전략의 차이가 기
업의 성과에 미치는 영향을 분석한다.

<그림 2-1> 분석틀

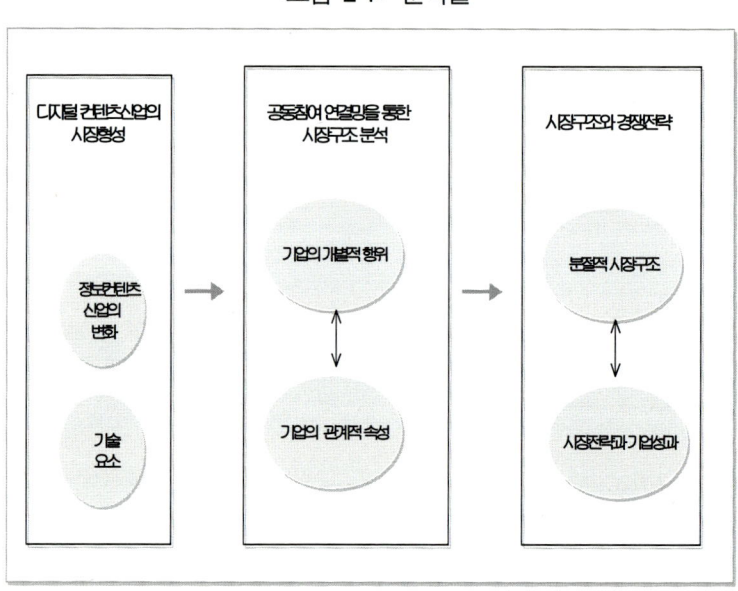

2. 방법론

이 책에서 사용하는 사회연결망 분석(Social Network Analysis)은 (사
회)구조를 분석하는 기법이다. 사실 구조(structure)라는 것은 아주 추상적
개념인데, 연결망 분석에서는 '구조'를 '사회연계망의 형태'(patterns of
social linkages)로 이해한다. 다시 말하면 사회적 행위자 간 관계의 특성을
통해 그 연결에 포함된 행위자들의 사회적 행위를 설명하는 것이다(김용학,

2001). 이 개념을 산업구조나 시장구조에 적용시키면, 이제 시장구조는 손에 잡히지 않는 추상적인 개념이 아닌 시장에 참여한 행위자들의 관계의 특성이 발현되는 형태로 이해될 수 있다. 여기서 행위자(예, 기업, 개인)의 속성 그 자체만이 아니라 행위자들끼리 맺는 관계의 유형으로서의 구조라는 것은, 행위자라는 미시적 분석단위를 통해 구조라는 거시적 차원을 설명하려는 것이다. 그리고 이러한 개인 맺고 있는 연계의 전체적 형태가 그들 행위에 영향을 미친다는 것이다. 뿐만 아니라 행위자가 특정한 형태의 연결망에 위치 지워져 있다는 것(embedded)이 행위자의 선택할 행위성과에 영향을 미친다. 이와 같이 연결망의 형태로 구조를 파악하고, 그 구조의 효과를 측정하고 설명하는 논리는 행위자 뿐 아니라 조직이나 상품시장, 산업구조까지 확대 적용할 수 있다. 사회연결망 분석은 이러한 구조의 형태를 계량적으로 밝힐 수 있는 분석기법이다. 이는 개별행위자의 개별적 속성, 그들의 연계로 나타나는 관계적 속성, 이러한 관계적 속성의 총화로서의 구성적 성질(configuration characteristics) 등의 세 가지 차원에서 분석될 수 있다. 이러한 각 차원의 분석을 총합하여 시장구조의 특성을 밝힐 수 있다는 것이다.

연결망 분석에서 구조를 행위자간 연결에 의해 형상화(configurated)되는 '관계의 속성'으로 파악한다고 할 때 중요한 것은 행위자가 타 행위자와 맺는 관계의 양상이다. 이러한 관계망에는 직접적 연결망(direct network)과 간접적 연결망(indirect network)이 있다. '직접적 연결망'은 상호 직접적인 연관관계를 맺고 있는 것을 말하는데, 생산물 시장에서 전후방연계나 개인들 간의 친분관계, 기업과 은행사이의 대출관계 등이 그 예들이다. '간접적 연결망'의 경우, 행위자들 사이의 연결이 어떤 사건(event)의 참여를 통해 발생하는 연결로서, 공동참여연결망(joint involvement network)으로 나타난다. 예를 들어, 벤처기업 CEO들 간의 어떤 연결망이 형성되어 있는 지를 파악하고자 할 때, 우리는 직접적으로 벤처기업 CEO 들 사이의 만남이나 접촉을 조사할 수도 있지만, 벤처기업 CEO 들이 참여하는 모임을 매개로 해서 연결망을 구성할 수 있다. 즉, 여기서 '모임'은 하나의 사건(event)가 되는데,

이는 공동으로 참여하는 비공식적 모임일수도 있고, 공식적인 협회활동일 수도 있다. 따라서 우리는 행위자인 벤처기업 CEO - 모임의 two- mode network를 구성할 수 있다. 여기서 two-mode network란 연결망의 형식을 말한다. Wasserman & Faust (1994)은 에 따르면 연결망 형식은 one-mode network와 two-mode network로 나눠진다. one-mode network는 행위자들 간의 직접적 연결망을 의미한다. 예를 들어 기업조직 구성원들 사이의 조언망(advice network)을 분석해 그 기업에서 누가 가장 많은 정보를 갖고 있는지, 그리고 어떤 조언망이 가장 효과적인지를 연구한다고 하자. 여기서 조언망은 조언을 주는 쪽과 조언을 받는 쪽이 구분되는 방향(direction)을 가진 연결망으로 이것을 one-mode network이라고 한다. 친구들 간의 우정망, 사람들 사이의 존경망(respect network) 등이 one-mode network에 해당하는데, 주로 '관계의 내용' (relational contents)등이 연구대상이 된다. 이에 비해 two-mode network는 two - sets of actors를 의미하는 것이다. 예를 들어 어떤 지역의 기업들과 비영리 단체들 간 기부금의 흐름을 파악한다고 하자. 이 때 연결망은 기업들과 어떤 비영리 단체에 기부금을 내는 지 유무를 나타내는 것으로, 이 경우 연결망은 방향이 없다. 즉, 행렬의 한 축은 기업들, 또 다른 축은 비영리 단체로 각 셀이 표시하는 숫자는 기부금을 냈으면 1, 아니면 0으로 표시된다. 또 다른 유형의 two-mode network로는 one set of Actors and one-set of Events인데 특별히 이것을 소속망(affiliation network)이라고 부른다. 소속연결망의 한 축은 행위자들이고 다른 한 축은 사건(event) 나 활동(activities)을 의미한다. 소속연결망에서는 어떤 행위자가 어떤 이벤트나 활동에 참여했는지 유무를 표시하기에 이를 멤버쉽 연결망(membership network)으로 부르기도 한다. 소속연결망은 행렬간의 수학적 계산을 통해 행위자간 연결망이나 사건 연결망으로 전환이 가능하다(Wasserman & Faust, 1994: 35-45). 이 연구에서는 이와 같은 소속연결망을 통해 디지털컨텐츠산업의 행위자 연결망이 기업연결망과 사건 연결망인 컨텐츠산업연결망을 구성한다. 연결망의 구성에 대해서는 4장에서 설명할 것이다. 우리는 소속연결망을 통한 시장구조 분석을 위해 다음과 같은 개념을 사용한다(Wasserman, stanley and Katherine Faust(1994))

파벌(clique): 전체 시장이 하위집단(subgroup)으로 어떻게 나눠져 있는지를 확인하는 유용한 개념으로, clique, n-clique, n-clan, k-plex 등의 용어들이 사용되고 있다. 파벌내의 행위자들은 모든 직접적 연계를 갖고 있기 때문에, 서로 신뢰하고 협동하는 행위를 하며, 따라서 파벌 내에서는 경쟁이 억제된다.

구조적 등위성(structural equivalence): 이 개념은 버트의 정의에 따르면, '같은 관계를 통해 같은 행위자들에게로 연계되어 있는 일군의 행위자들'(Burt, 1976; 장덕진, 2000)로 정의될 수 있다. 다시 말하면 전체 시장에서 어떤 기업이 구조적으로 등위에 있다는 것은 시장경쟁에서 동일한 위치(position)를 차지하고 있다는 의미인데, 예를 들어 게임소프트웨어를 생산하는 벤처기업 A사와 B사가 동일한 구매자와 거래관계를 맺고 있다면 이들 두 기업은 전체 시장구조에서 같은 위치에 속해 있다고 볼 수 있으며, 이들 두 기업 간 경쟁은 치열할 수밖에 없다. 그렇지만 이들 두 기업은 동시에 파벌집단을 이룰 수도 있는데, 이러한 변화는 시장상황의 변화에 따른 기술적 필요에 의해서, 혹은 기업의 전략적 행위 결과 발생할 수 있다. 따라서 구조적 등위의 위치에 있는 기업들이 파벌을 형성한다면 이는 경쟁을 피하기 위해 파벌집단을 형성하는 것 역시 기업의 전략 행위로 볼 수 있다. 우리는 시장에서의 경쟁행위를 파악할 때, 파벌이면서 등위 적이지 않은 집단, 파벌이면서 등위적 집단, 등위 적이면서 파벌이 아닌 집단 등으로 나눠 볼 수 있으며, 이러한 하부집단의 특성에 따라 경쟁의 강도는 상이할 것임을 알 수 있다.

중심성(centrality)과 위세(prestige): 전체 연결망에서 행위자가 얼마나 중요한지(prominence)것으로, '누가 스타인지?'를 밝혀주는 개념이다.

58

예를 들어 어떤 사람의 친구 관계망을 연구할 때 누가 친구관계의 중심에 있는지를 보여줄 수 있다. 또한 어떤 행위의 전파에 있어 누가 중심적 역할을 하는 지를 파악할 수 있는 개념이다. 중심성 개념은 방향을 고려하지 않은(nondirectional) 상태에서 누가 많은 연결을 갖고 있는지를 파악하는 것으로, 활동적인 브로커가 당연히 연결망의 중심에 서게 될 것이다. 한편 위신 개념은 관계의 방향을 고려할 때 사용하는 개념으로, 중앙성을 보다 정제시킨 개념이라고 할 수 있으며 위계(status)로도 불린다.

이러한 개념들은 연결망 분석에서 연구 초점에 따라 다양하게 사용될 수 있다. 김용학(1996)은 사회연결망의 관계성을 분석하는 접근법의 종류를 묘사적 연구(descriptive research)와 설명적 연구(explanatory research)로 구분하면서 묘사적 연구에서는 주로 연결망 밀도(network density), 중심성(centrality), 상호작용 형태 등에 연구초점이 맞춰지며, 설명적 연구에서는 묘사적 연구에서 개발된 개념을 이용해 구조에 던져진 혹은 위치한 행위자들에게 미치는 구조의 효과를 분석하는데 연구의 초점이 두어진다고 본다. 또한 연결망 연구가 묘사적 연구인지 혹은 설명적 연구인지에 대한 기준과 연결망 관계가 쌍방관계를 나타내는지 혹은 구조적으로 등위적인 관계를 파악하는지의 또 다른 기준을 사용하여 연구 유형을 나눌 수 있다고 본다. 이 구분에 따르면 연결망 관계가 쌍방관계이면서 동시에 묘사적으로 접근할 경우 사용되는 개념으로는 '파벌'(clique)이 있으며, 구조적 관계 차원의 설명적 접근을 시도한다면 구조적 등위 성을 이용한 다차원 척도법(Multi-Dimensional Scaling)이 사용될 수 있다는 것이다(김용학, 1996; 김용학, 1999).

따라서 우리는 디지털컨텐츠산업의 기업연결망과 산업연결망의 특성을 고찰할 때 파벌개념과 중심성 개념을 통해 컨텐츠산업 부문간 관계형태를 묘사적으로 서술할 수 있으며, 구조적 등위성 분석을 통해 디지털컨텐츠기업의 구조적 분절성과 컨텐츠 산업 부문의 구조적 유사성과 차이성을 밝힐 수 있다. 이러한 분석을 위해 사용할 연결망 통계 소프트웨어는

Ucinet5 for Windows이다. 또한 연결망 분석과 함께 일반 통계분석(회귀분석 regression analysis, 로짓분석 logistic regression analysis 등)을 위해서는 SPSS, STATA 등의 통계 프로그램을 사용한다.

3. 연구문제

이 책에서는 앞서 제시한 분석틀에 근거, 다음과 같은 연구문제를 제기한다.

1-1) 디지털컨텐츠산업이 형성된 시기 산업구조는 어떤 특성을 보이는가? 이러한 산업구조의 변화가 정보컨텐츠산업에 미친 영향은 무엇인가? 정보컨텐츠산업의 변화는 어떻게 디지털컨텐츠시장을 형성하는가?

1-2) 디지털컨텐츠산업의 성장의 계기로 작용한 기술요소는 무엇인가? 디지털컨텐츠산업의 시장 확장의 계기로 작용한 것은 무엇이며, 정보 기술과 시장성장의 관련성은 어떻게 나타나는가?

1-3) 디지털컨텐츠시장의 기업간 관계는 어떤 연결망을 구성하는가? (행위자의 상호작용에 의한 연결망의 형성)

1-4) 디지털컨텐츠시장의 하나의 통합된 시장인가? 아니면 분절된 (fragmented) 시장인가? (연결망의 구성적 성질로서 전체

1-5) 디지털컨텐츠시장의 분절적 구조 내 시장경쟁은 차이를 보이는가? (시장구조 특성 - 구조적 위치와 경쟁의 문제)

1-6) 디지털 컨텐츠시장의 분절적 구조는 행위자들의 시장전략에 어떤 영향을 미치는가? (시장구조에서 시장행위로의 영향)

1-7) 디지털 컨텐츠산업의 분절적 구조는 시장성과에 어느 정도 영향을 미치는가?(분절적 구조의 영향력)

이 책은 앞서의 연구 질문에 대한 답을 찾아나가는 과정인데, 연구문제 1-1)과 1-2)는 본문의 3장에서 다뤄지며, 연구문제 1-3), 1-4), 1-5)는 본문 4장에서, 마지막으로 연구문제 1-6)과 1-7)은 본문 5장에서 다뤄질 것이다.

제3장 디지털컨텐츠산업의 형성과 발전

이 장에서는 디지털컨텐츠산업 시장을 둘러싼 산업 환경의 변화를 고찰하여 디지털컨텐츠산업의 형성과 발전에 대해 고찰할 것이다. 벤처기업의 출현으로 야기된 산업 환경의 변화는 정보통신산업의 성장으로 이어졌으며, 이 가운데 디지털컨텐츠산업이 출현했음을 살펴본다. 그리고 디지털컨텐츠산업의 토대와 발전의 계기로서 네트워크 환경과 정보처리기술의 발전 등 기술요소를 고찰한다.

제1절 1990년대 이후 산업구조와 정보컨텐츠산업의 변화

1990년대 중반 이후 우리 사회의 산업 환경은 많은 변화를 경험한다. 이 시기 변화의 핵심은 벤처기업의 등장이었다. 정보기술을 비롯한 첨단기술을 기반으로 등장한 새로운 기업조직은 지금까지와는 다른 경제활동을 통해 시장성과를 내기 시작했다. 디지털컨텐츠산업은 이러한 벤처기업의 출현으로 야기된 산업구조의 변화 속에서 형성되었다. 따라서 디지털컨텐츠산업의 특성을 파악하기 위해서는 벤처기업의 등장과 이로 인한 시장에

62

서의 변화를 검토하는 것이 필요하다. 이후 이러한 변화는 정보산업의 확장으로 이어지고, 이 과정에서 정보컨텐츠산업이 변화하면서 디지털컨텐츠산업이 형성된다.

1. 정보기술기반 벤처기업의 등장

1990년대 중반 이후 기술기반 기업들을 둘러싼 시장 환경은 벤처기업이라는 새로운 조직유형의 등장으로 빠르게 변화하고 있었다. 이 당시 경제 환경은 IMF관리체계의 여파로 기존 기업들이 위기를 겪고 있었고, 기업의 구조조정으로 인해 많은 인력이 퇴출 될 수밖에 없는 상황이었다. 이러한 경제 상황은 새로운 기회구조를 만드는데 공헌하였으며, 이는 정보기술혁명이라는 전 세계적인 산업적 패러다임의 변화와 맞물려서 정보와 기술을 기반으로 하는 많은 기업이 만들어지는데 우호적 환경으로 작용하였다. 정부는 1998년 5월부터 벤처기업 인증19)을 시작했는데, 1998년 12월 2,042개였던 벤처기업은 1999년 10월 4,515개로 1년도 채 못 되는 사이에 기업수가 2배 이상이 증가하는 엄청난 성장을 한다. 1999년 설립된 벤처기업들은 대다수가 정보기술을 기반으로 설립된 것이었다. 업종별로 보면, 전자·정보 분야가 33.8%로 가장 높은 비율을 차지하며, 기계·금속과 전기·가전 분야가 각각 28.1%, 13.9%였다. 이러한 기술 중심의 소규모 기업인 벤처기업은 서울과 경기 등 수도권에 36.9%가 몰림으로서 수도권을 중심으로 한 일군의 벤처밸리가 형성된다(중소기업청, 2001). <표 3-1>은 1998년부터 2001년까

19) 정부는 1997년 <벤처기업 특별법>에 의거, 벤처기업을 인증해주는 제도를 시행했다. 특정 기업이 벤처기업으로 인증 받으면, 법인세가 50%로 감면되는 등 세제상의 많은 혜택을 받았으며, 기업자금을 저리(低利)로 빌릴 수 있는 등 벤처기업 활성화를 위한 정책이었다. 이 법이 벤처기업의 경제활동에 고무하는 등 긍정적 역할을 한 것은 사실이지만 최근 벤처관련 온갖 비리들로 인해 이 법의 존폐가 거론되고 있다.

지 창업한 벤처기업의 양적 성장을 보여주고 있는데, 이러한 기하급수적인
성장은 이 당시 창업하던 기업들은 대부분이 '벤처'라는 이름표를 달고 시장
에 나타났기 때문이다. 벤처기업 창업이 가장 활성화되었던 시기인 1999년
과 2000년 사이, 벤처기업의 연평균 성장률은 43.9%에 이르렀고, 이것이 우
리 경제의 견인차 역할을 했다는 평가가 나오기도 했다.[20]

<그림 3-1> 연도별 벤처기업 수(1998년-2001년)

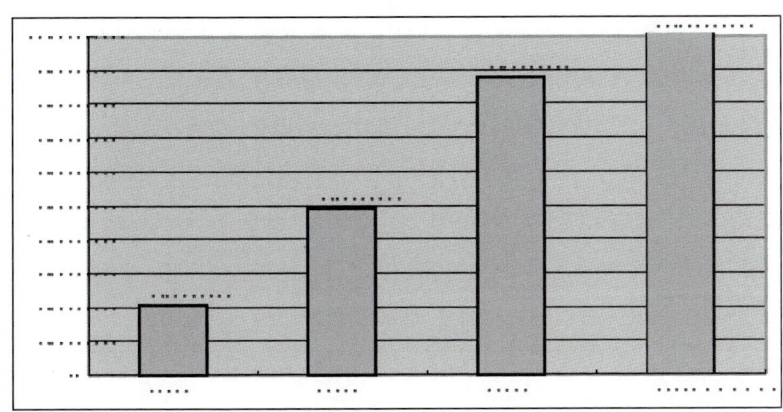

출처: 중소기업청, 2000년, 2001, 2002년 자료에서 재구성함

사실 벤처라는 것의 본래적 의미가 '모험기업'임을 생각해보면 이러한 짧
은 기간동안 수많은 기업이 창업했다는 것은 시장 환경을 고려하면 위험한
일이기도 했다. 그러나 당시 사회 분위기는 벤처기업 창업에 아주 우호적이
었으며,[21] 벤처기업만을 골라 자금을 투자하려던 투자가들이 줄을 잇고 있었

---

20) 그러나 이러한 성장세는 2001년 상반기 정점에 다다르다 이후 벤처 거품론이
   확산되면서 주춤하는 듯 보인다. 한국의 벤처기업을 상징하는 테헤란밸리의 흥
   망성쇠는 우리사회의 벤처기업의 성장과 쇠퇴 과정을 그대로 보여 준다고 할
   수 있다. 임대료의 급등과 급락, 벤처기업을 중심으로 하는 상권의 몰락 등을
   '불 꺼진 테헤란밸리'로 묘사하고 있다(동아일보). 이러한 현상을 반영하듯 벤처
   기업 수도 2002년 들어 줄어들기 시작하는데, 2002년 1월 11,286으로, 2월에는
   다시 11,234개로 벤처기업의 감소추세를 보이고 있다(중소기업청, 2002).
21) 1999년 1월, 대학생들을 대상으로 한 취업의식 조사에서 응답자의 53.8%가 대

다. 벤처기업의 성장과정을 연구하는 일련의 논의들은 벤처기업의 성장과 벤처기업을 둘러싼 환경을 벤처생태계로 파악하고 있다(삼성경제연구소, 2001a). 벤처생태계란 벤처기업의 「생성-성장-성숙-퇴출」의 순환적으로 이뤄질 수 있는 체계(system)를 의미하며, 여기에는 지식, 정보, 인력, 자금이 주요 자원(resources)이 된다. 벤처생태계는 이들 주요 자원들이 원활하게 공급되면서 동시에 사회의 하부구조인 인프라(infrastructure)와 벤처생태계를 지원하는 환경 사이의 상호작용이 원활하게 이뤄질 때 발전이 가능하다는 것이다(삼성경제연구소, 2001a, 2001b). 또한 벤처생태계는 사회의 일반적 인식, 즉 변화를 지향하고, 지식을 공유하며, 실패를 관용하는 사회적 문화가 정착된 하나의 시스템이다(섹스니안, 2001) 이러한 생태계로서 벤처시스템은 따라서 생물학적 의미의 진화를 경험하게 되는데, 한국의 벤처생태계의 진화과정은 「태동기 - 기반 구축기 - 도약기」로 나눌 수 있다(<표 3-1> 참조).

<표 3-1> 벤처생태계 진화과정에 따른 시기 구분

	테 동 기	기반구축기	도 약 기
시 기	80년초반-1996 (코스닥이전)	1996-1998	1999-

출처: 삼성경제연구소(www.seriecon.org), 2000

삼성경제연구소(2001)는 벤처생태계 진화과정에 따른 시기구분을 하고 있는데, 벤처기업이 이른바 코스닥(KOSDAQ)이라 불리 우는 벤처기업들의 시장가치를 평가하는 주식시장이 개장하기 이전 시기를 벤처태동기22)

기업보다 벤처기업을 선호하고 있는 것으로 나타났다(중소기업청, 1999). 당시 이러한 사회적 분위기는 벤처기업에 우수한 인력이 많이 유입되는 결과로 나타났다.

22) 이 당시 벤처기업은 국산기술을 기반으로 창업된 기업들이었다. 큐닉스사(1982년)를 필두로 태일정밀, 메디슨, 한글과컴퓨터, 두인전자 등이 창업한 시기이다

로, 코스닥 시장이 문을 연 1996년 이후 1998년까지 벤처신화가 속속 창출되고, 많은 자금들이 벤처기업에 투자되면서 이른바 '벤처열풍'이 지속되던 시기를 기반구축기로 본다. 그리고 1999년 이후를 벤처생태계가 한 단계 성장한 '도약기'를 상정한다.[23] <그림 3-2>는 1998년부터 1999년까지 월별 벤처기업의 주가지수를 나타낸 자료인데, 1999년 중반 이후 벤처기업의 주가는 폭등하고 있었다. 이러한 주가지수의 변화를 통해 우리는 이 시기 벤처기업의 활성화 정도를 짐작할 수 있다.

(삼성경제연구소, 2000; 전자신문).

23) 우리 사회의 벤처생태계는 1999년 도약기 이후 2000년까지는 어느 정도 도약기를 유지해오는 듯 했다. 그러나 2000년 말부터 대두되기 시작한 벤처 거품론은 2001년 상반기 이후 전체 벤처시장을 강타하면서 벤처기업은 새로운 환경에 직면해야 했다. 가장 큰 변화는 벤처기업에 몰렸던 수많은 자본들이 철수하기 시작했으며, 주식시장의 급격히 냉각되고 벤처기업의 주가 역시 하루아침에 곤두박질치는 현상이 빈번히 나타났다. 이른바 벤처기업의 구조 조정기를 의미한 변화된 환경은 비단 한국사회에 한정된 것은 아니었다. 일본에서 이른바 벤처신화로 일컬어지던 손정의 회사 주가가 폭락되고, 인터넷을 통한 책의 판매라는 전자상거래의 기원을 이루는 아마존(amazon.com)의 예에서 보듯이 CEO인 피터 베조스가 미국에서 돈 잘 버는 상위 5위내에 들었다가 2001년에 여러 가지 비관적인 회사 가치 평가에 의해 순위 밖으로 밀려나는 등 전 세계적으로 벤처기업들이 예측할 수 없는 불안정한 환경에 놓여지게 된 것이다. 아마존의 성장과 부침에 관한 내용은 business week 참조. 세계경제가 이미 글로벌 마켓으로 통합된 상황에서 이러한 미국이나 일본의 벤처환경의 변화는 실시간으로 우리경제에 영향을 미치고 있는데, 가장 일상적 지표가 미국의 주식시장의 등락에 따라 우리의 주식시장 역시 순차적으로 등락을 보인다는 것이다. 이러한 벤처기업의 위기상황을 다룬 글로는 이응희(2001)을 참조.

66

<그림 3-2> 벤처기업의 주가 지수 추이

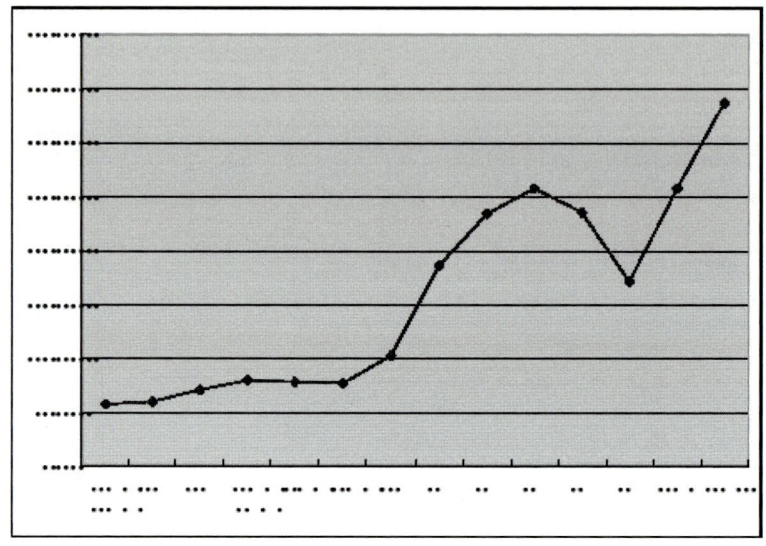

출처: 삼성경제연구소(1999)의 데이터를 가공, 재 작성함.

 기술을 기반으로 한 벤처기업들은 1999년 중반 이후 본격적인 성장세를 보이는데, 초기 벤처산업의 주도가 주로 하드웨어 부문에서 이뤄졌다고 한다면 중반 이후에는 소프트웨어 산업의 성장과 함께 정보서비스업에 대한 수요가 증대되면서 이 부문으로 산업의 중심이 옮아가는 경향을 보이고 있다. 벤처기업의 실태를 조사한 자료(중소기업청, 2000; 2001)에 의하면 벤처기업을 구성하고 있는 업종별 분포를 보면, 2001년 기준으로 첨단제조업이 41%, 소프트웨어·정보통신서비스업이 26%, 일반제조업 26%, 기타 8%로 구성되어있다. 이러한 구성비를 2000년과 비교해 보면 일반제조업은 2000년 37%에서 25%로 감소되었으나 첨단 제조업의 경우 2000년은 28%로 구성 비율이 12%나 늘어난 것이다. 이와 같은 우리사회의 벤처기업의 등장과 벤처생태계의 형성은 산업구조의 변화를 야기했다. 즉, 정보기술을 기반으로 한 정보통신산업 분야가 급격히 성장하면서 디지털컨텐츠산업 시장 형성의 견인차 역할을 하게 된 것이다.

2. 정보통신산업의 성장과 산업구조 변화

앞서 살펴본 벤처기업의 성장은 디지털컨텐츠산업의 모체라고 할 수 있는 정보통신산업 영역에서 더욱 두드러져 보인다. 정보통신 벤처기업들의 성장을 창업과 관련시켜 살펴보면, 1990년대 이전 시기에는 하드웨어관련 기업들의 창업이 활발하게 나타났으나, 1990년대 이후 지속적으로 소프트웨어 관련 기업이 창업을 주도하고 있는 것으로 나타난다. 이러한 가운데 1990년대 중반 이후에는 멀티미디어 관련 컨텐츠 기업의 창업이 활성화되고 있는 추세이다(이인찬, 1998). <표 3-2>은 정보통신산업의 성장의 전반적인 현황을 사업체 수와 종사자 수 자료를 통해 보여주고 있다.

<표 3-2> 정보통신산업 사업체 수와 종사자 수 현황

구　　분	'96년	'97년	'98년	'99년	2000년
사 업 체 수	8,037	9,397	10,218	12,383	13,944
증 가 율 (%)	11.2	16.9	8.7	21.2	12.6
종 사 자 수	-	412,772	399,767	442,629	540,222
증 가 율 (%)	-	-	-3.2	10.7	22.1

출처: 한국정보통신산업협회(2001), KISDI(2001)에서 재구성

<표 3-2>에 의하면, 2000년 말 기준 정보통신산업부문의 사업체 수는 매년 10%이상 증가하고 있으며, 특히 본격적으로 디지털컨텐츠산업 시장이 형성되던 1999년에는 21.2%의 가장 높은 증가율을 보이고 있다. 이러한 사업체수의 증가는 정보통신산업 종사자수의 증대를 가져왔다. 2000년 말 기준 정보통신관련 종사자수는 전년 대비 22.1% 증대한 것으로 나타났다. 정보통신산업은 정보통신서비스, 정보통신기기, 소프트웨어의 세 부분으로 구성되는데, 디지털컨텐츠산업은 정보통신서비스 중 부가통신서비스가 발전된 형태이다. 정보통신서비스를 구성하는 각 부문별 사업체 현황을 보여주는 것이 <표 3-3>이다.

<표 3-3> 정보통신서비스 산업의 사업체 현황

구　　　　분	'96년	'97년	'98년	'99년	2000년
기간통신서비스	15	23	30	32	32
별정통신서비스	-	-	13	58	62
부가통신서비스	1,076	2,364	3,362	3,960	3,923
방 송 서 비 스	966	976	987	1,020	1,020
전　　　　체	2,057	3,366	4,392	5,070	5,037

출처: 한국정보통신산업협회(2001), KISDI(2001)에서 재구성

　　정보통신서비스산업 전체에서 부가통신서비스 부문의 사업체 수가 차지하는 비중은 2000년을 기준으로 보면 78%로 가장 높았으며, 1996년부터 2000년까지의 사업체 수 증가 비율 역시 다른 부문에 비해 가장 높은 것을 알 수 있는데, 19997년에서 1998년에는 무려 1,000여개의 사업체수가 증가한 것을 알 수 있다(<표 3-3> 참조). 한편, 정보통신서비스 각 부문별 종사자수 규모를 통해 부문 시장의 크기를 유추할 수 있는데, 종사자 수 현황을 보여주는 것이 <표 3-4>[24] 이다.

<표 3-4> 1998 - 2000년 정보통신서비스 산업 종사자 수 현황

(단위: 명)

구　　　　분	'98년	'99년	2000년
기간통신서비스	66,604	59,682	58,506
별정통신서비스	460	1,515	3,257
부가통신서비스	13,404	13,757	16,208
방 송 서 비 스	24,902	24,400	26,303
전　　　　체	105,370	99,348	104,574

출처: 2001년 정보통신산업통계연보

---

24) 총조사자수는 연말기준 자료이며, 사업체 총종사자수가 아닌 정보통신부문 해당 총종사자수 이다(2001년 정보통신산업통계연보).

우리는 정보통신서비스 부문 시장의 사업체 규모와 종사자수 현황을 통해 디지털컨텐츠산업의 모체라고 할 수 있는 부가통신서비스 부문 시장의 특징을 개괄적으로 그릴 수 있다. 즉, 정보통신서비스산업에서 부가통신서비스 부문이 차지하는 규모는 2000년 기준으로 전체 사업체 수의 78%를 차지하고 있으나 종업원 규모로 보면 15% 정도에 불과하다(<표 3-5> 참조).

<표 3-5> 2000년 정보통신서비스 부문별 구성비(사업체수와 종사자수)

(단위:%)

부 문 별	기간통신	별정통신	부가통신	방송서비스	전 체
사업체수	1	1	78	20	100
종 사 자	56	3	15	25	100

출처: <표3-3>, <표 3-4>를 근거로 구성함.

이는 부가통신서비스는 아주 많은 업체들이 시장에 진출해 있으며, 개별 기업의 규모는 다른 통신서비스부문에 비해 작다는 것을 알 수 있다. 따라서 부가통신서비스 부문의 시장 경쟁이 타 서비스 부문에 비해 높을 것으로 예측된다.

한편, 데이터베이스 제작과 멀티미디어 컨텐츠 개발 등을 포함하고 있는 소프트웨어 부문 시장 현황 또한 디지털컨텐츠시장 형성을 위한 환경 조성 역할을 했음을 알 수 있다. 데이터베이스(DB) 제작서비스의 경우, 1999년에는 전년대비 6.3%의 사업체수의 증가[25]와 17.3%의 종사자수의 증대를 보였으며, 2000년에는 기준 사업체수가 무려 202%이상 증가했다 (1999년 사업체 수는 99개였으나 2000년 297개로 증가). 멀티미디어컨텐츠개발 서비스 역시 괄목할만한 증대를 보이고 있는데, 이는 정보통신산업

---

25) DB제작서비스는 IMF구제금융시기 가장 큰 타격을 받은 것으로 나타났는데, 1998년 사업체수는 전년대비 -55.1%의 감소율을 나타내 전체 사업체의 반 정도가 문을 닫은 것을 알 수 있다.

협회가 1998년부터 제공하는 멀티미디어컨텐츠개발 사업체 수에 관한 자료에서 확인할 수 있다. 즉, '99년에는 멀티미디어컨텐츠개발 사업체가 전년대비 62.3%의 증가를, 2000년의 경우 전년 대비 200%의 사업체수의 증가를 보였다. 종사자수 역시 '99년 전년대비 110.3%, 2000년의 경우 전년대비 148.5%의 성장세를 나타냈다.

이와 같은 급격한 성장세를 보이는 정보통신산업은 1990년대 우리 경제성장의 견인차 역할을 하고 있음을 알 수 있는데, 정보통신산업은 전체 총생산성장률을 훨씬 상회하고 있는 것으로 나타났다(<표 3-6> 참조).

<표 3-6> 정보통신산업의 성장률과 전체 경제성장 기여율

(단위: %)

연 도	1991	1994	1997	1998	1999	2000.上	91~99 평균
실질GDP성장률	9.2	8.3	5.0	-6.7	10.7	11.1	5.9
정보통신산업성장률	10.7	26.4	30.5	20.7	41.1	41.2	23.9
정보통신산업의 실질GDP 성장기여율	3.6	12.1	37.6	-23.81	38.3	45.9	
정보통신산업의 명목GDP중 비중	3.7	4.7	5.6	6.3	7.6	··	

주: 1) 1998년 IMF 관리체제 이후 한국경제의 실질GDP가 감소함에 따라 부호가 負(-)의 수치로 나타났으나 실제로는 실질GDP를 가(1.6%p) 시키는 요인으로 작용
출처: 한국은행(2000. 4)

<표 3-6>에 의하면 1990년대(1991-1999) 정보통신산업 연평균 성장률은 23.9%로 이는 같은 기간 실질GDP성장률 5.9%를 크게 상회했으며, 2000년 상반기 중에만 해도 41.2%나 증가한 것으로 나타났다(한국은행, 2000). 또한 정보통신산업의 실질GDP의 성장기여 비율은 1991년 이후 꾸준한 성장세를 보이고 있다. 이러한 정보통신산업의 성장은 벤처기업을 둘러싼 경

제 전반적인 환경의 우호적 반응, 이에 따른 벤처기업 붐(boom)과 함께 나타난 것으로 볼 수 있다.

　이렇듯 정보통신산업은 전체 산업발전에서 주도적인 역할을 수행하면서 산업구조 변화에도 많은 영향을 미친 것을 알 수 있다. 산업구조의 변화는 산업별 종사자 구성비의 변화에서 알 수 있는데, 전통적 산업분류인 1, 2, 3차 산업에 따른 산업별 인구 구성비를 살펴보면, 지난 20년 동안 서비스업의 괄목할 만한 성장이 나타났다(<표 3-7> 참조, 각 산업을 구성하는 부문산업에 대한 상세 구성비는 <부표 1>을 참조).

<표 3-7> 전국 산업별 종사자수 구성비의 변화(1980-2000)

(단위: %)

년　　도	1980년	1990년	2000년
1차산업	37.8	20.8	13.1
2차산업	22.8	27.8	21.4
3차산업	39.4	50.9	65.7
분류불능	0.0	0.5	0
계	100.0	100.0	100.0

출처: 통계청, 각 연도 기초사업체기초통계 기준

　즉, 1차 산업의 종사자 비중은 지속적으로 감소하고 2차 산업과 3차 산업 종사자 비율은 지속적으로 증가한다. 특히 3차 산업인 서비스산업의 종사자 구성비는 1990년 전체 종사자수의 과반수를 넘는 50.9%로 나타났으며, 2000년에는 65%를 넘어서고 있는 것을 알 수 있다(<표 3-7> 참조). 이러한 노동력 인구구성의 변화는 산업의 중심이 3차 산업으로 옮겨갔음을 의미하고, 이러한 변화는 중심에 서비스산업이 있음을 알 수 있게 해준다.26) 그리

---

26) 미국사회의 이러한 산업별 인구구조 변화에 대한 연구는 1960년대 초반 Machlup에 의해 이루어졌는데, 그는 미국사회의 산업구조가 지식부문이 성장하는 구조로 변화하고 있다고 주장하면서, 지식산업 군을 ① 교육(학교, 도서관, 대학) ② 커뮤니케이션 미디어(라디오, TV, 광고) ③ 정보기계(컴퓨터장비,

고 이 서비스업의 성장에는 앞서 살펴본 정보통신산업의 성장이 크게 기여했음을 쉽게 유추할 수 있다.

3. 정보컨텐츠산업의 변화

앞에서 우리는 디지털컨텐츠산업이 정보컨텐츠산업을 모체로 발전되었다는 점에 대해 언급했다. 다양한 컨텐츠는 정보기술을 매개로 디지털컨텐츠로 변형된다. 따라서 우리는 정보컨텐츠산업 현황을 파악하여 정보컨텐츠산업이 디지털 기술의 발전과 함께 어떻게 변화하는지를 검토함으로서 디지털컨텐츠산업의 형성과 발전을 좀 더 구체적으로 파악할 수 있을 것이다.

우리 사회의 많은 변화를 통계자료를 통해 분석하는 통계청의 산업실태 관련 자료에 정보컨텐츠 범주가 등장한 것은 2001년이다.[27] 통계청에서 정의하는 '정보컨텐츠산업'은 <정보의 내용물을 전자적인 방법으로 창출·

음악도구) ④ 정보서비스(법률, 보험, 의료) ⑤기타활동(비영일 활동)의 5가지 대산업 군으로 구분한 다음, 이미 미국사회는 1958년 전체 총 국가총생산(GNP) 중 29%가 이러한 지식산업에서 나온다는 것을 실증적으로 밝히고 있다(Machlup, 1962). 이러한 Machlup의 작업은 이후 이어지면서 1977년 Porat이 경제를 1차 부문, 2차 부문, 비정보부문의 세 개의 범주로 나눈 다음 1960년대 말에 이르면 GNP의 46%가 정보부문에 의해 설명될 수 있다는 것을 9권의 산업구조의 데이터 분석 보고서를 통해 밝히고 있다(Porat, 1977). 이른바 정보경제 론자들로 불리 우는 이들의 연구는 정보사회로의 변화를 실증적으로 연구한 성과라고 할 수 있다. 이러한 연구 틀을 한국사회에 적용한 것으로는 홍두승·조동기 외의 연구가 있는데, 이들은 한국사회 역시 전체적인 산업구조의 변화 속에서 정보부문의 성장을 총생산과 산업부문 종사자수의 변화를 통해 실증적으로 밝히고 있다(홍두승·조동기·김병조, 1999).

27) 통계청은 2001년 1월 이 자료를 발표하면서 지금까지는 정보통신산업 통계로 작성하던 것을 정보화의 진전과 더불어 정보컨텐츠 산업의 중용성이 증대되고 있어, 이 영역을 새로이 추가하여 정보산업으로 확대, 작성한다는 취지를 표하고 있다(통계청, 2001).

저장·처리할 수 있는 생산물로서의 '정보컨텐츠'를 일반 대중을 대상으로 배급 또는 복제하는 것을 주된 활동의 일부로 하는 산업>이다. 이러한 정의는 상당히 포괄적인 것으로 볼 수 있다. <표 3-8>는 포괄적 정보컨텐츠산업의 현황을 보여주고 있는데, 정보컨텐츠산업은 매출액 규모에서는 전체 정보통신산업의 약 1/10정도임을 알 수 있다.

<표 3-8> 정보컨텐츠산업 현황(1999년 말 기준)

구 분	사업체수 (개)	종자자수 (명)	매출액 (10억원)	부가가치 (10억원)
'99년 말 기준	13,427	141,609	14,604	7,480

출처: 통계청, 2001

<표 3-8>에서 나타내는 정보컨텐츠산업을 보면, '출판, 인쇄 및 기록매체 복제업'이 매출액 7조 7,160억 원으로 정보컨텐츠산업 전체 매출의 52.8%, 부가가치는 4조 7,810억 원으로 전체 부가가치의 63.9%로 가장 높은 비중을 차지하고 있다. 그 다음으로 방송업 부문이 전체 매출액의 23.5%(3조 4,310억 원), 부가가치는 전체의 21.6%(1조 6,150억 원) 비중을 차지하고 있다(통계청, 2001). 그런데 정보컨텐츠산업을 전반적으로 다루고 있는 통계청의 현황 자료는 오프라인 컨텐츠와 온라인컨텐츠를 구분하고 있지 않다. 즉, 정보컨텐츠산업에는 디지털컨텐츠로 볼 수 있는 온라인 컨텐츠와 오프라인 형태로 상품화되고 유통되는 컨텐츠가 함께 포함된다. 예를 들어 방송업의 경우 지상파 방송, 케이블 방송 등 오프라인 형태의 방송 뿐 아니라 인터넷 방송이 모두 포함되며, 출판, 인쇄 및 기록매체 복제 업에는 종이 책, 인쇄물 등 기존 출판 상품과 함께 온라인상에서 상품으로 제작·유통되는 정보컨텐츠가 포괄되어 있다.

디지털컨텐츠란 정보컨텐츠가 디지털 기술을 매개로 상품화되는 것이라고 할 때 정보컨텐츠산업은 디지털컨텐츠산업과 직접적으로 연관이 있다.

그러나 정보컨텐츠산업 자체가 디지털컨텐츠산업인 것은 아니며 정보컨텐츠의 부분 집합으로서 디지털컨텐츠산업이 존재한다고 볼 수 있다. 따라서 우리는 위에서 밝힌 정보컨텐츠 현황을 좀 더 세밀하게 나눠 살펴볼 필요가 있다. 최근 국내 정보통신산업 실태를 연구한 자료(한국전자통신연구원, 2001; 정보정책연구원, 2001)는 정보통신산업 각 부문 별 전체 고용과 매출을 통해 산업실태를 분석하면서 인터넷 부문을 독립적으로 파악하고 있다. 따라서 우리는 이 자료를 통해 디지털컨텐츠산업 현황을 좀 더 구체적으로 파악할 수 있다. 정보정책연구원(2001)은 인터넷산업을 대분류 수준에서 인터넷 활용산업, 인터넷 지원 산업, 인터넷 기반산업으로 나누고, 인터넷 컨텐츠산업은 활용산업에 포함되는 것으로 본다. 인터넷 활용산업에는 인터넷 컨텐츠산업 이외에 포털이나 ASP 부문이 포함되는 응용서비스산업과 전자상거래산업 등이 중분류 수준에서 나눠지고 있다. 인터넷컨텐츠산업을 다시 소분류 수준에서 나누면 인터넷 신문과 방송 등 인터넷미디어 부문, 음악, 영화 게임 등 인터넷엔터테인먼트 부문, 교육부문, 전문정보서비스로서 교육, 의료, 법률컨텐츠 서비스 부문 등이 포함된다.[28] 이러한 분류기준에 따라 컨텐츠 부문의 매출과 고용을 파악한 것이 <표 3-9>이다.

<표 3-9> 컨텐츠 부문의 매출과 고용

구 분	연 도	'99년 전체	'00 상반기
매 출	전 체	268,793	275,317
	인 터 넷	30,166	64,595
고 용	전 체	5,760	9,063
	인 터 넷	1,925	4,071

출처: 한국전자통신연구원, 2001

---

28) 이러한 분류기준이외에도 비즈니스 형태에 따른 좀 더 세분화된 분류기준도 있다(정보통신부, 2001). 신산업에 대한 표준화된 분류법의 정착이 시급한 시점이다.

1999년 기준 컨텐츠부문의 매출은 2,688억 원이며, 이 중 인터넷 부문의 매출은 302억 원으로 전체 컨텐츠 중 10%가 약간 넘는 부분을 순수 인터넷 영역이 차지하고 있는 것을 알 수 있다. 또한 전체 매출 증가와 고용 증가에 비해 인터넷 부문의 매출과 고용 증가 비율이 훨씬 높게 나타난다는 사실도 <표 3-9>에서 확인할 수 있다. 이러한 사실은 인터넷 컨텐츠 산업이 타 부문인 인터넷 기간산업이나 지원 산업에 비해 성장 속도가 빠르다는 것을 보여준다. 이를 근거로 전자통신연구원(2001)은 향후 인터넷 산업의 발전 축이 컨텐츠 산업을 중심으로 진행될 것으로 판단하고 있었다.

컨텐츠부문 중 인터넷 부문의 변화 양상은 부가통신서비스산업의 성장 과정을 통해 살펴볼 수 있다. 부가통신서비스는 다음 <표 3-6>과 같이 구성된다. 즉, 고도팩스, 데이터 네트워크 서비스, 부가통신망서비스, 온라인 정보처리, 음성전화정보서비스, 주문형 정보서비스, 기타부가통신서비스 등이 부가통신서비스를 구성하고 있는 부문들이다. 따라서 부가통신서비스는 디지털컨텐츠산업의 원형이라고 할 수 있으며, 이 부문의 확장이 디지털컨텐츠산업의 발전과 변화를 보여주는 것이라고 할 수 있다.

<표 3-10> 부가통신서비스 분류표

구 분		
고 도 팩 스		
데이터 네트워크 서비스		
부 가 통 신 망 서 비 스	→	온라인정보제공
온 라 인 정 보 처 리		전자우편
음 성 전 화 정 보 서 비 스		신용카드검색
주 문 형 정 보 서 비 스		EDI
기 타 부 가 통 신 서 비 스		원격통신

출처: 한국전파협회, 2000

부가통신서비스를 구성하고 있는 여러 부문 중 부가통신망서비스가 차지하는 부문이 가장 큰 것을 알 수 있다. 부가통신서비스 매출액과 서비스 가입자 수의 구성비를 보면, 2000년에는 부가통신망서비스가 부가통신서비스 매출액의 74%, 서비스 가입자 수의 96%를 차지하고 있다(<표 3-11>, <표 3-12>참조). 부가통신망서비스는 그 구성내용을 보면 디지털컨텐츠산업 영역과 거의 유사하다. 즉, 디지털 화된 정보를 온라인을 통해 서비스하는 디지털컨텐츠산업은 온라인으로 정보를 제공하는 부가통신망서비스가 좀 더 발전된 형태이다. 따라서 우리는 부가통신망서비스 산업의 자료를 통해 디지털컨텐츠산업의 성장을 유추할 수 있다. 부가통신망 서비스는 온라인정보제공, 전자우편, 신용카드검색, EDI, 컴퓨터예약, 원격 통신 등으로 구성되며, 이 가운데 온라인정보제공이 가장 큰 부분이다. 온라인정보제공부문의 성장이 가장 두드러진 시기는 1999년에서 2000년 사이의 시기인데, 이 시기 매출액(<표 3-11>)과 가입자 수(<표 3-12>)를 파악해보면 전체 부가통신망 서비스 중 온라인 정보제공부문의 괄목할 만한 성장을 확인할 수 있다.

온라인 정보제공부문은 부가통신망(網)서비스에 해당하는 부문으로, 전체 부가통신서비스 산업에서 차지하는 비율을 보면, 1999년 64%에서 2000년 74%로 1년 사이 10% 포인트 정도 성장(매출액 기준)을 나타내고 있었다. 이는 통신망서비스 시장이 확장되고 있다는 의미인데, 이렇듯 시장 규모의 확장은 통신망서비스를 구성하고 있는 온라인정보제공 서비스 시장의 확대에 기인하는 바 크다. 온라인 정보제공 서비스 시장은 통신망의 확장과 긴밀한 관련성을 갖고 있는데 이 시기는 네트워크의 광대역화29)가 빠르게 진행되면서 사용자들이 편리하게 인터넷에 접속, 정보를 서비스 받을 수 있는 환경이 되었다. 이러한 온라인 사용자의 증대는 많은 정보제공 기업이 시장에 진입하는 결과로 나타났다. 온라인정보제공 기업

---

29) 인터넷망의 발달은 컨텐츠산업의 발전에 필수적 요소이다. 이에 대해서는 2절에서 살펴 볼 것이다.

중 1999년 이후 시장에 진입하는 기업이 전체 디지털컨텐츠기업의 과반수 이상을 차지하고 있다.[30)

한편, 부가통신망 서비스 전체에서 온라인 정보제공 부문이 차지하는 비중은 압도적이다. 1999년 부가통신망 서비스에서 온라인 정보제공부문의 매출 비중이 86%로 나타났으나 2000년에는 91%로 증가해 사실상 부가통신망 서비스 영역은 온라인 정보제공부문이 대표한다고 볼 수 있다.

<표 3-11> 서비스별 매출액 비중(1999-2000년)

(단위: 백만 원)

구 분	1999년(매출액)	2000년(매출액)
부가통신서비스 전체	1,488,721	2,533,582
부가통신망서비스	953,920	1,870,402
온라인정보제공	820,601	1,703870

출처: 한국정보통신진흥협회 정보통신산업통계집(2000.6), 정보통신주요품목 동향조사(2001.11) 자료를 근거로 비율 재구성.

가입자 수의 증가에서도 온라인정보제공 부문의 성장정도를 알 수 있다. <표 3-12>는 부가통신서비스 전체 가입자 수와 부가통신망 서비스 가입자 수를 비교하고 있는데, 전체적으로 1999년에 가입자 수에 비해 2000년 가입자 수가 배 이상 증가한 것을 알 수 있다. 이는 온라인 정보제공가입자 수의 증대에 따른 것으로, 1999년 온라인 정보제공 가입자는 천오백 칠십여 만 명이었으나, 1년 사이 가입자 수는 삼천 팔백 삼십 여만 명으로 급격히 증가한 것을 알 수 있다. 이러한 가입자 수의 증가는 온라인컨텐츠를 소비하는 소비자 층이 광범위하게 형성되기 시작했으며, 이 시장이 확장되고 있음을 보여주는 것이다.

---

30) 디지털컨텐츠산업의 개괄적 현황에 대해서는 4장 1절을 참조.

<표 3-12> 서비스별 가입자 수 (1999-2000년)

구 분	1999년(단위: 명)	2000년(단위: 명)
부가통신서비스 전체	18,327,370	42,627,401
부가통신망서비스	16,684,505	40,988,710
온라인정보제공	15,738,543	38,359,740

출처: 한국정보통신진흥협회 정보통신산업 통계집(2000.6)
정보통신주요품목 동향조사(2001.11) 자료를 근거로 비율 재구성.

　　온라인정보제공 부문을 구성하고 있는 세부 영역을 좀 더 구체적으로 살펴보면 정보컨텐츠산업이 어떻게 통합되고 분화되는지를 알 수 있다. 온라인정보제공부문은 PC통신사업, 단독정보제공(ISP)업, 인터넷접속 서비스업, 기타 온라인 정보제공업으로 세분화될 수 있다. 사업형태를 구체적으로 살펴보면 PC통신사업은 정보서비스사업 또는 정보유통업으로 불리는 정보제공사를, ISP는 Information Service Provider로 종합온라인 유통망을 통하지 않고 자체 호스트(host)를 갖고서 정보를 제공하는 기업들을 일컫는다. 1998년에는 온라인정보제공업 중 ISP사업이 차지하는 비중이 아주 미미했으며 PC통신사업이 주류를 이루고 있었다. 그리고 인터넷접속 서비스업은 Internet Service Provider에게 망(network)을 제공하여 정보를 유통시키는 사업을 하는 것을 말하며 컨텐츠제공업(Content Provider)은 인터넷에서 정보를 서비스하는 것을 말한다.

　　그런데 정보기술의 발달과 함께 온라인 정보제공산업을 구성하는 각 사업자들의 경계선이 모호해지면서 정보제공자들은 세 가지 역할을 모두 수행하는 것이 일반적이었다. 즉, 지금까지의 정보제작사와 정보유통사의 엄격한 구분이 모호해지면서 네트워크 상에서 정보를 제공하는 사업자들을 컨텐츠제공업으로 포괄적으로 분류하게 된 것이다. 디지털컨텐츠산업을 온라인에서 정보를 제공하는 산업으로 포괄적으로 정의한다면, 온라인정보제공부문의 하위부문들이 통합되어 디지털컨텐츠산업을 구성한다고 볼 수 있다. 예를 들어 부가통신망서비스의 온라인 정보제공업과 전자우편 부문은 많은 경우 구분되기가 어렵다. 대부분의 정보제공업을 하는 컨텐츠사업자들은 전자우편 서비스를 동시에 하고 있기 때문이다. 또한 PC통신사업자들처럼 폐쇄적 망 사업자들은 인터넷의 등장 이후 시장지위가 흔들리고 있다. 즉, 인터넷의 일상적 사용이 가능해진 환경에서는 텍스트위주의 종합정보제공으로서의 PC통신사업 역시 분산망으로서 인터넷을 기반으로 한 서비스에 무게중심이 옮아지고 있으며 1998년 당시의 전망은 1999년 하반기부터는 PC통신 서비스가 인터넷을 기반으로 운영될 것이라는 예상이 있었다. 이 예상은 적중했는데 1999년 이후 PC통신사업은 서서히 사용자의 손을 떠나기 시작했으며, 인터넷을 기반으로 한 다양한 컨텐츠제공사업들이 활성화되기 시작했다. 특히 인터넷 포털(Portal)기업들이 검색기능을 앞세우거나, 전자메일 무료화 기능을 내세워 시장을 점차 장악하게 되면서 PC통신사업자들은 시장에서의 지배력을 잃게 된다.

이제 PC통신 시장을 장악하던 사업자들은 변화된 정보컨텐츠시장에서 살아남기 위해 변신을 시도하게 되었다. 하이텔의 경우 자사의 하이텔 회선을 TCP/IP 정보제공 산업환경으로 전환하고 모든 데이터베이스의 웹화, 독자 검색엔진 개발, 표준기술 도입 등을 내용으로 하는 '하이텔 2000' 프로젝트를 출범시켰으며, 나우콤 역시 40-50억 규모의 '파이오니어'프로젝트를 통해 나우누리 서비스의 웹화, 기술의 표준화 및 플랫폼 개발 등에 적극 나서고 있는데, 이 프로젝트가 본격 가동되는 1999년 3-4월 이전에는 무료 인터넷접속서비스를 제공키로 하는 등 인터넷을 기반으로 한 정보제공 기업으로의 변화를 시도했다(전자신문, '99. 1. 11). 그러나 2000년을 기준으로 보면 이전의 PC통신사업자들의 과거의 명성을 지속시키지 못한 채, 인터넷 포털 사이트나 인터넷컨텐츠 제공 사업자에게 컨텐츠시장에서의 주인공 자리를 내주고 있는 실정이다. 따라서 통신망 사업자들의 컨텐츠제공업자에 대한 영향력은 급속히 줄어들고 있다. 결국 정보컨텐츠산업이 기술을 토대로 디지털컨텐츠산업으로 변화해나가는 과정은 시장에서 주도적 사업자의 역할이 변화하는 것을 의미한다. 정보컨텐츠시장의 변화는 이처럼 온라인정보제공시장의 변화에서 출발했다. 이제 이 시장이 어떤 구조를 보이고 있는지 대해서는 4장에서 분석할 것이다.

제2절 디지털컨텐츠산업 토대와 성장의 계기

텍스트 형태의 정보를 제공하던 컨텐츠산업이 디지털 화된 정보를 네트워크에서 서비스하는 디지털컨텐츠산업으로 발전하기 위해서는 멀티미디어 기술, 정보처리기술 등 디지털 화된 기술 요소를 필수 조건으로 한다. 디지털컨텐츠산업은 기술경제 패러다임이라는 새로운 경제패러다임 하에서 가능해진 만큼 산업형성에서의 기술적 요소에 대한 고려 없이는 디지털컨텐츠산업의 형성과 발전을 제대로 설명할 수 없다. 포터(M Porter)의 강조를 빌지 않더라도, 기술적 요인이 정보기술산업 발전에 핵심적인 역할을 한 것은 자명하다. 이 절에서는 디지털컨텐츠산업이 성장하기 위한 토대로서 정보기술을 살펴볼 것이다. 즉, 컨텐츠산업이 어떠한 기술적 요소의 도입으로 디지털화가 산업으로 변모할 수 있었는지, 디지털컨텐츠산업의 시장이 성장하기 위해 사용자 네트워크는 어떻게 발전했는지, 그리고 정보처리기술의 발달이 디지털컨텐츠를 어떻게 변형시켰는지 등에 대해 살펴본다.

1. 네트워크의 광대역화

군사적 목적으로 처음 개발된 컴퓨터[31]는 초기에는 단순히 계산능력을 가진 정보기기에 지나지 않았다. 이후 지속적인 기술혁신을 통해 다양한 기능을 가진 매체의 역할을 하는 도구로서 발전하게 된다. 이러한 기술혁신의 과정에서 가장 두드러진 것이 소프트웨어의 발전이라고 할 수 있다. 다시 말하면 컴퓨터 기술의 발달궤적을 따라가다 보면 소프트웨어의 발전이 중심에 놓여 있다는 사실을 확인하게 된다. 컴퓨터산업 발달의 초기에는 컴퓨터 관련 주변기기가 시장의 중심인 있었으며, 이는 컴퓨터 관련 하드웨어(hardware) 산업의 발달로 나타났다. 이는 정보기기의 특징 중 하나인 연결망 외부성(network externality) 때문이다. 즉, 특정 기술이나 기기의 채택은 그와 관련된 다른 기술이나 기기의 사용을 증대시킨다는 것인데, 예를 들어 컴퓨터의 구매는 하드웨어로서 PC뿐 아니라 관련 정보기기들인 프린트, 스캐너 등 연관된 다른 정보기기의 사용을 증대시킨다는 것이다. 연결망 외부성은 오늘날 정보산업을 지배하는 가장 주요한 특징 중 하나이다.[32]

---

31) 1946년 애니악(ENIAC Electronic numeric integrator and calculator)이라 불려진 최초의 컴퓨터는 오늘날 PC와 비교해보면 무게는 30톤이었으며, 크기는 9피트, 18,000개의 진공관을 가진 엄청난 크기의 기계였다. 이 컴퓨터는 1초에 5천 번의 덧셈과 뺄셈, 350회의 곱셈을 할 수 있는 일반 계산용 기계에 지나지 않았다. 이러한 컴퓨터는 1951년 인구통계자료의 처리가 가능한 컴퓨터가 IBM에 의해 만들어졌는데, 이는 군사적 필요성에 의한 것이었다. 이후 1960년대 일반화된 컴퓨터는 1971년 마이크로프로세서라는 집적회로의 발명으로 이후 사람들의 상상을 뛰어넘는 발전을 보이는데, 1976년 애플컴퓨터의 출현이후 1981년 최초로 개인용 컴퓨터라 할 수 있는 PC가 시장에 나왔다. 이 PC는 1976년 컴퓨터 가격이 3,000 달러인 것에 비해 아주 저렴화 된 가격으로, 본격적으로 컴퓨터의 대중화시대를 열었다고 할 수 있다. 오늘날 펜티엄급 컴퓨터가 주종을 이루고 있는데, 이를 최초의 컴퓨터와 비교해 보면 크기 면에서는 무게가 13,000분의 1로 줄었을 뿐 아니라 가격이 1백만분의 1로 줄어드는 엄청난 기술혁신과 가격 대중화가 이뤄진 것을 알 수 있다. 컴퓨터와 기술혁신, 대중화 등에 관한 논의는 참조.

이러한 하드웨어 중심의 발전이 1960년대 중반부터 지금까지 보조적 역할에 머물던 소프트웨어산업을 하드웨어와 분리된 독자적 시장으로 형성하도록 추동 했다. 1970년대 중반 이후는 이미 하드웨어 시장을 넘어서는 막대한 규모의 시장을 형성하게 된다.33) 소프트웨어의 발전은 컴퓨터와

---

32) 이러한 연결망 외부성과 함께 정보기술(산업)의 중요한 특징 중 하나가 경로의 존성(path-dependency)이다. 이는 기술 뿐 아니라 사회제도나 경제적 시장구조 까지를 포괄하여 설명하는 개념으로 특정한 기술, 시장구조 등은 일단 한번 채택되어진 이후, 그 궤적을 따라 발전하는 것으로 이러한 기술적 경로는 쉽게 바뀔 수 없다는 것이다. 또한 특정 기술은 효율성을 기준으로 가장 효율적이고 효과적인 것이 채택되기보다 어떤 우연적 요소에 의해 일단 선택된 다음 제도 혹은 기술이 존재하는 사회 문화적, 구조적 영향을 받는다는 것이다. 이는 시장 선점의 효과와 관련된 것인데, 소프트웨어(software)에서 이러한 경로의존성을 가장 잘 보여주는 것이 운영체계이다. 빌 게이츠의 마이크로소프트사는 Windows라는 운영체계로 PC시장 뿐 아니라 인터넷 시장까지 장악할 수 있었던 것이 바로 시장선점의 효과로 인한 경로의존성 때문이라고 볼 수 있다. 경로의존성의 핵심이 초기의 어느 우연한 사건들에 의해 제도 혹은 기술의 방향(사회적 채택 혹은 시장에서의 채택)이 결정되면 그 이후 발생하는 학습효과(learning efffect)와 수익체증(increasing returns:평균비용의 감소)으로 인해 그 파생효과가 가속화된다는 것이다(North,). 마이크로소프트사는 PC운영체제를 독점한 다음 운영체계 안에 인터넷 블라우저(browser)를 함께 공급함으로써 소비자들이 다른 선택을 할 기회를 박탈했다. 윈도우 운영체제를 선택한 대다수의 소비자들은 인터넷 브라우저까지 익스플러어를 사용해야 만 했으며, 이 과정에서 한때 70%이상의 시장점유율을 보이던 네스케이프사는 몰락하게 된다. 정보산업이 갖고 있는 특징들에 대해서는 참조.

33) 이러한 소프트웨어 시장의 성장은 정보기술 산업의 일반적 법칙인 수확체증의 법칙(increasing return to the scale)이 지배적이기 때문이다. 수확체증이란 어떤 상품을 생산할 때 최초 투입비용(생산요소)을 n배 증가시킬 때, 그에 따른 생산량이 n배 이상 증가하는 경우를 말하는 것으로, 소프트웨어는 초기 생산요소에 비해 생산량이 재생산비용이 거의 0에 가까운 산업을 말한다. 디지털컨텐츠산업 역시 컨텐츠제작과정까지는 많은 비용이 소요되나, 일단 재생산에 드는 비용은 거의 0에 가깝기 때문에 무한정 재생이 가능하다. 가장 좋은 예가 CD인데, 소프트웨어 등 컨텐츠 등 CD에 담겨진 내용은 제작과정에 엄청난 개발비와 컨텐츠 제작비에 의해 가능해진 것이나, 이 내용을 복제하기 위해서는 단돈 천원의 빈CD 한 장만 있으면 가능한 것이다. 한편, 이러한 재생산 비용이 0에 가깝기 때문에 나타나는 문제가 불법 복제이다. 한 사회의 소프트웨어 산업이나 컨텐츠산업이 발전하기 위해서는 불법복제나 지적재산권에 대한 엄격한 제한한 규칙들이 마련되어야 할 것이다. 정보기술사회라는 기술발전에 의해 패

컴퓨터의 연결을 가능하게 한 네트워크를 만들어 책상 위의 PC가 사람들과 사람들을 연결할 수 있게 되었고, 그 연결된 망을 통해 정보가 흘러다니는 새로운 공간을 만들어 낸 것이다. 이것이 바로 인터넷(internet)이다. 전 세계를 하나의 네트워크로 만든 인터넷은 사람들 간의 커뮤니케이션 양식을 전면적으로 바꾸면서 일상생활에 엄청난 영향을 미쳤다. 이러한 새로운 매체 혹은 새로운 커뮤니케이션 수단의 등장은 산업적 차원에서 보면 끊임없이 새로운 시장을 창출하는 기반이 되고 있다. 디지털컨텐츠산업 역시 인터넷의 일상적 이용이 가능한 경우가 아니고서는 존재할 수 없었던 산업이다.

1990년대 중반이후의 세계 호스트 수의 증가와 한국의 인터넷 호스트 수의 증가 추이는 네트워크 공간이 어느 정도 확장되었는지를 보여준다. 1995년에서 2000년 사이 인터넷 분산망의 주요 지점으로서 호스트 수는 20배 이상 증대되었다. 이러한 네트워크 사회의 등장은 디지털컨텐츠산업이 발전할 수 있는 하부구조를 만들었다고 볼 수 있다. 마치 산업사회에서 산업이 발전하기 위해 인프라 구조(도로, 교통 등등)가 필요하듯 디지털컨텐츠산업은 인터넷이라는 가상의 공간을 필요조건으로 한다. 따라서 분산 네트워크로서의 인터넷의 등장은 디지털컨텐츠산업 발전에서 중요한 분기점이 되었다. 즉, 지금까지 폐쇄적인 망을 통해 정보를 제공하던 정보 공급자들(이른바 데이터망 사업자들)에게는 선발업체의 안정적 성장에 위협을 가하는 위기구조를 낳았으며, 한편으로는 다양한 정보망의 통합으로 인한 정보공간의 확장은 더 많은 수요를 창출하는 계기로 작용했다. 또한 정보제공기술의 발전으로 시장진입 장벽이 낮아지면서 디지털컨텐츠시장이 더욱 확장되게 되었다. 온라인 네트워크를 통해 제공·소비되는 디지털컨텐츠의 소비가 가능하기 위해서는 이에 적합한 환경이 요구된다. 그 핵심

러다임의 변화는 지금까지 존재하던 제도와 법규들과 갈등관계나 비(非)조응관계에 있을 수 있는데 정보기술사회에서의 지적재산권 문제, 즉 디지털 생산물의 소유를 둘러싼 문제가 핵심쟁점으로 떠오르고 있는 상황도 이러한 예라고 할 수 있다.

적인 요소가 초고속인터넷이라는 컨텐츠를 빠른 속도로 전송할 수 있는 네트워크 망(네트워크의 광대역화)이다. 2001년 후반기(11월 기준) 한국의 초고속인터넷 시장은 가입자 800만명 시대로 접어든다(정보통신부). 2000년 12월 기준 41%였던 초고속인터넷 가구 가입률은 1년도 채 못 되는 기간에 71%로 올라갔다(2001년 11월 기준). 이러한 사회 인프라의 확장은 세계 인터넷 관련 기업들이 한국시장을 중요하게 생각하는 원인이 되기도 한다(<그림 3-3> 참조)[34]

---

[34] 마이크로소프트의 빌게이츠 회장은 인터넷과 관련 한국시장의 성장에 놀라움을 표하면서, 한국시장의 인터넷관련 산업의 발전이나 소프트웨어 소비 행태는 다른 세계 여러 나라의 중요한 인덱스가 될 것이라고 예측했다(동아일보, 2001년) 최근 (2002년 1월31일부터 2월4일까지) 미국 뉴욕에서 열린 2002 세계경제포럼(WEF) 에 참석한 외국 인사들과 외신들은 한국의 초고속인터넷의 성공에 큰 관심을 보였다. 2월2일 열린 '통신 산업의 전망: 승자는?' 세션에 참석한 이상철 KT(옛 한국통신) 사장은 "한국에서 브로드 밴드 사업이 성공한 요인은 수요, 공급, 정부 정책의 3박자가 잘 맞아떨어졌기 때문"이라고 밝혔다. "세계 최고 수준의 교육열과 인터넷카페(PC방)의 활성화, 콘텐츠 업체와 포털 서비스 업체의 급속한 증가가 초고속 통신망 수요를 더욱 촉진하였습니다. 전화국 반경 4km 내에 거주하는 인구가 93%에 달하며, 국민의 40%가 아파트에 거주하기에 지리적으로 서비스 공급에 유리합니다. 또한 시설의 대량 공급에 따라 설비비용이 대폭 인하되었습니다. 정부는 정보인프라 구축에 역점을 두었으며, 다양한 기술방식에 의해 사업자들이 자유롭게 시장 진입을 하도록 장려하고 규제를 완화하여 경쟁을 촉진하였습니다."

(http://www.economy21.co.kr/people/people_read.asp?icon=left2&news_id=44545)

<그림 3-3> 초고속 인터넷 가입자 수

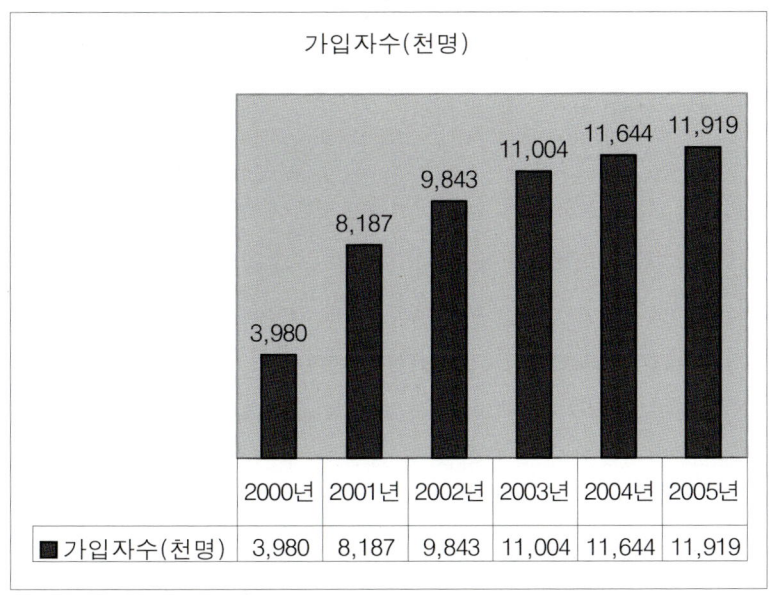

출처: 한국인터넷정보센터(KRNIC). 2002년 데이터부터는 추정치임[35].

또한 초고속인터넷 보급률에서도 한국이 가장 앞서 있다는 사실을 알 수 있다. 인구 100명당 초고속인터넷 보급률을 보면 한국이 13.9명으로 정보기술에서 정보기술 선진국인 미국(3.2명)에 비해 4배 이상 높게 나타났으며, 2위인 캐나다(6.2명)에 비해서도 2배 이상의 높은 보급률을 보이고 있다(OECD, 2001). 이는 네트워크 기간망을 비롯한 정보통신 관련 사회기반구조에서 한국이 세계 다른 나라에 비해 얼마나 앞서 나가고 있는지를 잘 보여준다. 이러한 네트워크 망의 발전은 디지털컨텐츠 산업의 무한한 발전 가능성을 담보해 준다고 할 수 있다. 초고속인터넷서비스의 보

---

35) 이 추정치를 현재 시점 데이터와 비교해보면 한국의 초고속인터넷 가입자수가 추정치보다 더 빠르게 성장했음을 확인할 수 있다. 한국인터넷정보센터의 통계에 따르면 초고속인터넷가입자수는 2003년 11,178,499명, 2004년 11.921,439명, 2005년 12,000,839명으로 나타났다.

급은 디지털 컨텐츠산업의 성장에 중요한 기반이 된다. 왜냐하면 대개 초고속인터넷 사용자들은 정액제(한 달에 일정한 금액을 내고 인터넷 사용 시간에 제한을 받지 않는 것)를 이용하기 때문에 많은 용량을 차지하는 디지털컨텐츠 관련 방송, 영화 서비스 등을 속도와 비용의 제한을 받지 않고 사용할 수 있기 때문이다. 미국의 한 IT관련 조사보고서는 인터넷초고속 서비스의 보급률에 따라 디지털컨텐츠시장이 어떻게 발전할 수 있는지를 분석하고 있다. 예를 들어 미국 가정의 초고속인터넷 보급률이 32%에 이르면 장편영화시장이나 인터랙티브 게임 (interactive game)등의 서비스가 가능할 것으로 전망하고 있다(다음 페이지의 <그림 3-4> 참조).

그런데 한국의 경우, 이미 앞에서 살펴본 것처럼 2000년 12월 기준으로 이미 초고속인터넷서비스 가입률이 41%를 넘어섰으므로 디지털컨텐츠관련 모든 유형의 시장이 활성화될 수 있는 충분한 기반을 갖추었다고 볼 수 있다.36) 이상에서 우리는 인터넷의 등장과 네트워크의 광대역화란 디지털컨텐츠산업이 형성되고 발전할 수 있는 사회의 주요 기반시설의 역할을 하고 있음을 알 수 있다.

---

36) 정보통신부는 2001년 4월 디지털컨텐츠발전 5개년 계획안을 발표한 바 있는데, 첫 장에서 '디지털컨텐츠시대의 도래'라는 진단을 통해 우리사회의 디지털컨텐츠산업이 활성화할 수 있는 기반이 마련되었다고 판단하고 있다. 이러한 정부의 정책방향은 산업발전, 특히 한국의 IT 관련 산업발전에서 핵심적인 역할을 하게 될 것이다. 정책이나 제도가 산업형성과 발전에 어떤 연관관계를 갖는지에 대해서는 다음 파트에서 분석한다.

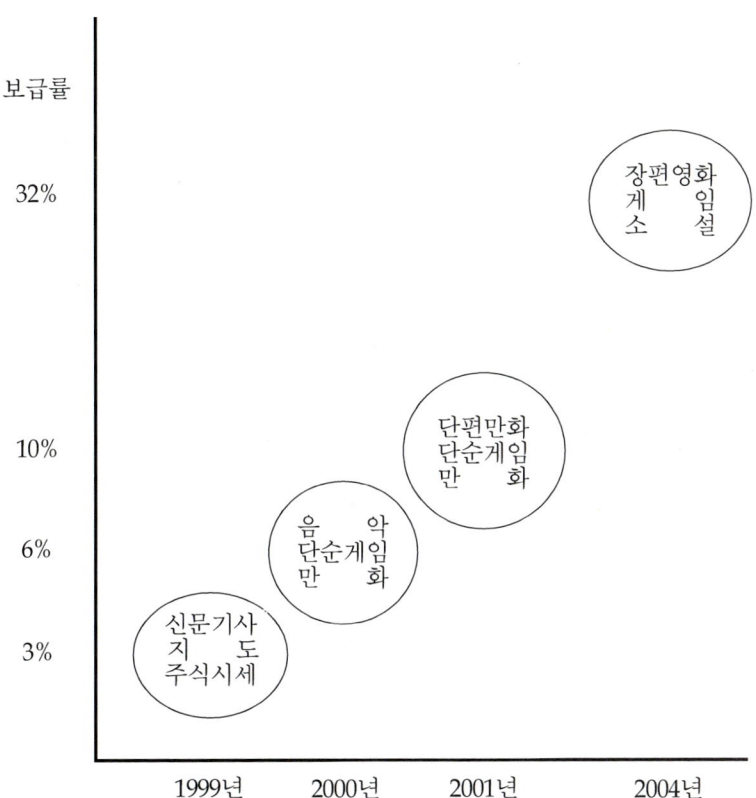

<그림 3-4> 초고속인터넷서비스 보급률에 따른
디지털컨텐츠서비스 유형[36]

2. 정보처리압축기술의 발전: 디지털컨텐츠의 다양화

기술혁신을 통한 정보기기의 발달, 그리고 인터넷의 일상화를 통한 디지
털 공간(digital space)의 확장은 디지털컨텐츠산업이 발전할 수 있는 기

---

37) Forrester Research(2003), KISDI(2000. 12)에서 재인용.

술적 기반이 되었다. 이러한 요소와 함께 디지털 정보처리기술 또한 디지털컨텐츠산업 형성의 필수적 기술 요인이라고 할 수 있다. 디지털정보처리기술이 발전하기 이전까지 온라인을 통해 유통된 컨텐츠는 주로 텍스트 중심의 정보가 많았으며 동영상이나 오디오, 비디오 등의 컨텐츠 서비스를 포괄하지 못했다. 그러나 위에서 살펴본 것처럼 인터넷을 중심으로 네트워크가 변화되고, 네트워크가 모뎀방식이 아닌 대용량의 서비스 망으로 확장되면서 다양한 컨텐츠를 수용할 수 있는 사용자 환경이 조성되었다38). 즉 디지털 정보처리 기술을 이용하여 대용량의 컨텐츠를 디지털 코드로 변환시키고 컨텐츠의 크기를 압축시키는 작업이 이뤄졌다. 이는 디지털컨텐츠가 온라인을 통해 효율적으로 유통될 수 있도록 했다. 1980년대 소프트웨어 기술이 PC를 중심으로 한 텍스트위주의 정보처리를 그래픽 환경으로 변화시켰다고 한다면, 1990년대는 인터넷을 통해 정보의 확산이 가능하도록 한 통신 프로그램의 발전이 디지털컨텐츠산업을 둘러싼 환경 변화에서 중심적인 역할을 하고 있는 것으로 보인다. 즉, 이전의 시스템소프트웨어, 응용소프트웨어, 프로그래밍 언어 등으로 나눠져 있던 소프트웨어 기술 영역들이 1990년대에 이르면 통합되면서 이제는 수요자를 위한 기술들로 다양하게 분화되고 있는 것이다. 이는 기술의 발전이 사회적 수요를 야기하고, 사회적 수요가 기술발전을 유도하는 양자의 상호작용을 보여주는 것이다.

디지털컨텐츠산업이 발전하기 위해서는 시각정보·청각정보 처리기술, 미디어 변환기술 등 제작기술과 Database 기술, DRM(Digital Right Management), 불법복제 방지 기술 등의 보호·유통기술, 서버기술·클라이언트기술 등 네트워크 서비스 기술과 상호작용(인터페이스)기술 등 많은 정보기술이 필요하다(정보통신부, 2001; 전자신문). 그 중에서도 압축관련

---

38) 이러한 소비자(user)환경의 변화로는 인터넷 사용자 규모의 확장과 함께 사용자
   의 인구학적 특성의 변화도 함께 고려되어야 한다. 이에 대해서는 다음 절에서
   다루도록 한다.

기술은 컨텐츠를 변화·압축시킨다는 점에서 컨텐츠산업에서 중요성을 갖고 있다. 이 정보처리 기술과 관련한 표준화 작업이 지속적으로 진행되고 있는데 그 대표적인 것이 MPEG(Moving Picture Experts Group)이다. MPEG이란 디지털정보처리 기술과 관련한 표준화(standardization) 활동을 통해 음질, 화질의 질(quality)을 높이고 전송과정에서의 효율성을 높이기 위한 압축기술, 속도 지원 등을 하는 디지털기술을 일컫는다. 다음 <표 3-9>는 MPEG 기술이 어떻게 발전해 왔는지를 보여주고 있다.

<표 3-13> MPEG의 표준별 개요

기술구분	연 도	특 징	응용분야
MPEG 1	1992년	1.5Mbps의 속도로 오디오, 비디오 압축데이터 전송	디지털 방송, 비디오 CD 등
MPEG 2	1995년	멀티채널, 고품질 영상음향, 범용 AV데이터 전송	DVD, 디지털방송, 영상회의
MPEG 4	2000년	초고속압축 영상부호화, 최대 150Mbps급 속도 지원	대화형 TV, 디지털컨텐츠 제작

출처: http://mpeg.telecomitalialab.com;
http://mpeg.telecomitalialab.com/standards; KISDI, 2000 등에서 재구성

<표 3-13>에서 알 수 있듯이 MPEG 기술들은 오디오 파일이나 비디오 CD, DVD등에서 사용되거나 음악파일의 온라인 전송을 위해 디지털정보를 압축한 MP3 등에 사용되는 기술표준들이다. 1992년 처음 등장한 MPEG1은 디지털 정보를 압축하여 컨텐츠 전체 용량을 줄임으로써 컨텐츠파일이 네트워크에서 효율적으로 전송될 수 있게 한 것이다. 1992년 당시만 하더라도 하부 기간 망(network)이 모뎀 중심이었기 때문에 전송속도가 좋지 않았으며, 따라서 용량이 큰 파일을 다운로드하는 것은 인내를 요하는 일이었다. 이런 상황에서 MPEG 1정보처리 기술의 등장은 획기적인 사건이었다.[39]

320x480 해상도로 매초 30개의 풀 컬러 영상을 저장할 수 있는 MPEG1은 비디오 CD 등에서도 이용되었는데, 컨텐츠 산업과 관련해 가장 잘 알려진 것이 MP3 이다. MP3은 MPEG1 스펙(spec)에 기반 한 오디오 파일 포맷으로 인터넷 음악컨텐츠 산업의 출현을 가능케 했다. 이러한 음악파일 유통시장은 현재 기존 음반시장과 공존하고 있다. 1995년 표준화된 MPEG 2는 압축기술 뿐 아니라 컨텐츠의 음량, 화질 등을 개선하는 양질(high quality)의 컨텐츠에 강조를 둔 것으로 708x480 해상도를 지원하므로 DVD 등에 이용하고 있다40). 이후 MPEG4는 MPEG 1보다 적은 용량에 MPEG 2 수준의 화질을 제공하는 뛰어난 기술로 세간을 관심을 끌었다. 이 기술표준은 2000년말에 표준기술로 구성되었다. 이와 같은 일련의 디지털정보처리기술의 발전은 디지털컨텐츠시장의 성장에 크게 기여하고 있다. 디지털컨텐츠시장에서 중요한 점 중 하나가 파일이 형식에 관한 것이다. 즉, 어떤 형태의 파일을 사용하는 것이 보다 효율적이냐 하는 점이다. 정보압축기술의 발전은 인터넷상에서 제공되는 컨텐츠 형식의 변환을 가능케 했다는 점에서 디지털컨텐츠시장 성장의 주요 역할을 담당하고 있다 . 즉, 웹페이지(html, htm, asp, pdf 등) 파일 형태와 문서 파일형태 중심에서 이미지, 비디오 중심으로 컨텐츠 형식이 변화하고 있는데, 2000년 말 전체 인터넷 사이트에 나타난 파일 중에서 이미지 파일 비율은 28.5%에서 2001년 말 44%로 급증하고 있다 (<표 3-14> 참조).

이러한 기술표준들은 최근 들어 MPEG7이나 MPEG21 등을 통해 계속 발전하고 있다. 디지털 컨텐츠의 효율적인 저장, 검색, 전송지원 뿐 아니라 디지털컨텐츠의 암호화(encription)를 통해 불법복제와 불법유통을 방지하는 장치까지로 지속적으로 발전하고 있다. 이러한 디지털 정보처리기술은

---

39) 이러한 MPEG1 압축기술 내장한 멀티미디어PC가 시장에 등장한 것이 1995년 이다. 이러한 멀티미디어 PC는 단순히 컴퓨터가 아닌 오디오와 비디오, 게임기, TV, 팩스, 인터넷 단말기 기능을 모두 갖춘 멀티미디어 기기로 변신한 것이다(전자신문, 1996,2.16)

40) http://www.cvcn.co.kr/tech/compression.html의 내용 참조.

디지털컨텐츠 산업 형성의 초석이 되었을 뿐 아니라 이후 지속적인 기술
혁신은 산업발전을 이끄는 핵심동력이 되고 있다.

<표 3-14> 인터넷 컨텐츠의 파일 형태 구성비(2000년과 2001년 비교)

	2000년	2001년
웹페이지 파일형태	69.2	53.8
이 미 지 파일형태	28.5	44.0
비 디 오 파일형태	0.1	0.2
사 운 드 파일형태	0.7	0.7
문 서 파일형태	1.5	1.7

출처: 한국인터넷정보센터(www.nic.or.kr)

지금까지 우리는 기술적 요소들이 디지털컨텐츠산업의 발전에 미친 영
향에 대해 검토해 보았다. 인터넷으로의 네트워크의 변화는 디지털컨텐츠
산업이 형성될 수 있는 인프라를 구축했으며, 디지털관련 기술들은 디지털
컨텐츠산업 발전의 주요 동력이 되었음을 확인할 수 있었다. 디지털기술의
발전과 시장의 변화(예를 들어, 텍스트 기반에서 멀티미디어 기반으로의
변화)는 높은 연관성을 보인다. 네트워크가 어떤 형태로 만들어지느냐에
따라, 그리고 디지털 기술이 컨텐츠를 어떻게 변환(transformation)시키느
냐에 따라 시장이 전면적으로 변화한다. 그리고 이러한 변화는 기존 시장
과 공존하는 것이 아니라 일종의 제로섬게임(zero-sum game)을 하는 것
을 알 수 있다. 즉, 기존 시장의 독점적 지위가 쉽게 무너질 수도 있다는
것이다. 우리는 1절에서 PC통신을 기반으로 형성되던 네트워크 망이 인터
넷 중심으로 변화하면서 기존의 PC통신 사업자들(천리안 등)이 인터넷 환
경에 적합한 조직구조를 시의 적절하게 만들어내지 못함으로써 자신이 장
악하던 시장을 내어줄 수밖에 없는 상황에 대해 언급했다. 이는 정보기술
이 기존 시장을 재편하는 주요 요소로 작용하고 있으며, 동시에 기술혁신

이나 기술표준으로 기존 시장에서 새로운 시장을 만들어 내고 있으며, 이러한 틈새시장은 어느 순간 전체 시장을 지배하는 시장으로 등장하기도 한다.

제3절 소 결

우리는 지금까지 벤처기업의 등장이라는 산업구조 변화 속에서 디지털 컨텐츠산업이 형성된 과정을 살펴보았으며, 이 산업의 토대와 성장의 계기였던 네트워크의 광대역화 현황과 정보기술의 발전에 대해 고찰했다.

1990년대 우리사회 산업구조 변화를 특징짓는 정보기술기반기업의 등장과 이에 따른 벤처생태계의 형성은 정보통신산업이 급속하게 성장할 수 있는 산업 환경을 조성했다. 이 시기 정보통신산업은 연평균 10%가 넘는 실질 성장률을 보였으며, 정보통신산업 부가가치는 우리사회 전체 경제성장에 큰 비중을 차지하고 있는 것으로 나타났다. 이와 같은 정보통신산업의 급격한 성장은 디지털컨텐츠산업 시장 형성을 위한 외연을 확장한 것으로 보인다. 정보통신산업 관련 벤처기업 성장을 살펴보면 1990년대 이전 시기에는 하드웨어 관련 기업의 창업이 활발하게 나타났으나 1990년 이후 소프트웨어 관련 정보통신부문의 성장이 두드러진 것을 알 수 있다. 이 소프트웨어 부문은 디지털컨텐츠산업과 직접 연관되어 있는 데이터베이스산업, 멀티미디어 컨텐츠 개발 등을 포함하고 있는데 1999년에서 2000년 사이 사업체수가 200% 이상 증가한 것으로 나타났다.

정보통신산업의 성장은 정보컨텐츠산업의 변화로 이어졌다. 정부의 공식 통계에서 1999년 말을 기준으로 정보컨텐츠산업 현황이 나타나고 있는데 이는 정보컨텐츠 부문이 산업 성장에서 중요하게 다뤄지게 되었음을 의미하는 것이다. 정보컨텐츠는 전체 정보통신산업의 1/10정도의 규모이며, 전체 정보컨텐츠 부문의 성장 속도에 비해 인터넷 컨텐츠 부문의 성장 속도가 훨씬 빠르게 나타나고 있다. 정보컨텐츠 부문 중 부가통신서비스 영역의 변화를 추적해 보면 디지털컨텐츠산업의 형성과 변화를 좀 더 잘 알 수 있다. 부가통신서비스 부문의 성장은 1999년에서 2000년 사이에 가장 두드러지는데, 특히 온라인정보제공부문의 성장은 매출액과 가입자 수에서 괄목할 만하다. 이러한 산업구조의 변화 속에서 지금까지 단순한 정보제공 역할만을 담당하던 온라인 정보제공기업은 제작시장과 유통시장의 경계가 모호해지고, 기존 시장이 새롭게 구성되는 등의 변화를 경험한다.

한편, 디지털컨텐츠산업 형성과 발전의 결정적인 기여는 기술적 요소라고 할 수 있다. 인터넷이라는 새로운 커뮤니케이션의 등장은 디지털컨텐츠산업이 시장을 형성하고 수요를 창출하는 토대 역할을 했는데, 특히 네트워크의 광대역화는 디지털컨텐츠시장이 확장되는 주요 계기가 되었다. 한국은 초고속인터넷서비스 가입자 수에 있어 세계 1위를 차지하는 엄청난 성장을 보였고, 이러한 초고속인터넷보급률은 어떤 형태의 디지털컨텐츠시장도 성립될 수 있는 환경이 이뤄졌음을 의미하는 것이다.

디지털 기술의 발전은 디지털컨텐츠의 다양한 형식을 가능케 했다. 더욱이 정보처리기술의 발전은 디지털컨텐츠산업이 한 단계 성장할 수 있는 중요 계기였다. 압축기술의 발전은 컨텐츠의 다양화를 가져왔다. MPEG2 표준기술은 압축 뿐 아니라 컨텐츠의 음량이나 화질 등을 개선시킴으로써 디지털컨텐츠의 질적인 측면에 크게 기여한 것으로 나타났다.

이와 같은 디지털 기술의 발전은 디지털컨텐츠산업이 발전할 수 있는 결정적 계기가 된 동시에 기존 시장을 개편하는 역할을 했다. 다시 말하면 정보처리기술들의 발전은 과거 컨텐츠시장이 정보유통업을 중심으로 형성되었던 환경을 변화시킨 것이다. 이는 정보처리 관련 기술이 디지털컨텐츠시장 진입에 용이한 기술적 자원으로 작용하면서 진입장벽을 낮췄기 때문인 것으로 파악된다.

제4장 디지털컨텐츠산업의 시장 구조

이 장에서는 디지털컨텐츠산업의 시장구조를 공동참여연결망을 토대로 분석한다. 이는 디지털컨텐츠기업이 어떤 컨텐츠산업에 참여하는지 하는 기업의 '소속 연결망'을 통해 디지털컨텐츠산업의 시장구조가 보이는 특성을 밝히고자 하며, 동시에 디지털컨텐츠시장의 구조적 특성을 통해 기업 간 경쟁의 양상을 설명하고자 하는 것이다. 다시 말하면 디지털컨텐츠기업이 하나의 단일 시장에서 경쟁하는지 아니면 분절된 시장 내에서 경쟁하는 지를 밝히려는 것이다. 또한 디지털컨텐츠시장의 구조적 특성이 기업의 시장성과에 어떤 영향을 미치는지에 대해서도 분석을 시도한다.

이러한 논의의 시장 구조란 이미 주어진 어떤 것이 아닌 기업의 시장참여행위에 의해 변화되면서 만들어진다는 점을 전제하고 있다. 연결망에 근거한 시장구조 분석은 기업의 시장참여라는 '행위'를 통해 시장의 형태인 '구조'를 분석하는 것으로, 이는 시장을 경험적 분석 대상으로 파악한다는 뜻을 내포하고 있다. 기업은 타 행위자인 다른 기업과의 관계를 통해 시장 구조를 만들며, 이렇게 형성된 시장 구조는 행위자의 시장전략에 영향을 미친다. 또한 기업행위는 구조적 영향을 받으면서 지속적으로 변화하고, 이러한 기업행위의 변화는 시장구조에 다시 영향을 미치는 순환적 과정이다. 이와 같은 시장구조분석은 기업의 내재적으로 갖고 있는 개별적 속성만으로 시장을 규정하는 경제학적 분석이 놓치고 있는 부문을 보완하고자 하는 사회학적 시도이다.

디지털컨텐츠시장의 구조는 기업을 분석단위로 기업연결망과 산업연결망이라는 두 차원에서 분석된다. 기업연결망 분석을 통해 우리는 디지털컨텐츠기업 간 관계에 근거한 시장의 구조적 모습을 밝히며, 동시에 컨텐츠 산업연결망을 통해 컨텐츠산업 간 유사성을 분석한다.

제1절 시장의 생태학과 시장구조 분석

1. 시장의 생태학과 연결망 분석

시장에 관한 연구는 대개 시장에 참여한 기업들의 개별적 속성을 기본적인 자료로 이용하는 경우가 많다. 예를 들어 1990년대 벤처기업들이 만든 시장구조를 분석한다고 해보자. 먼저 개별기업이 갖고 '기술력'을 중심으로 시장을 분석할 수도 있고, 기업이 갖고 있는 성장가능성을 중심으로 시장을 분석할 수 있다. 다음 페이지의 <그림 4-1>은 이러한 두 가지 기준에 따른 벤처기업을 유형화하여 그 분포를 보여주고 있다. <그림 4-1>과 같이 시장을 유형화할 경우, 유형구분의 근거는 개별 기업들이 가진 기술력41)이나 시장 성장성42)이라는 기업의 내재적 속성이라고 할 수 있다. 이와 같은 접근방식으로는 개별 기업들이 시장에서 다른 기업들과 어떤 연관을 맺는지에 대해서는 알 수가 없다. 정보기술 패러다임 하에서 기업 간 기술협력 연결망이나 인적 자원 연결망 등 기업 간 관계가 중요시된다

---

41) 이 때 기술력의 인덱스로는 연구개발 비율이 30%이상, 기술인력 비율이 30%이상, 국내특허권 1개 이상 보유, 기업부설연구소 보유라는 4개 항목 중 2개 이상의 기준을 충족하면 고 기술력 벤처기업으로 유형화됨(벤처백서, 2000)

42) 시장성장성은 국내시장 성장률이 50%이상일 경우나 국내시장성장단계가 태동기나 성장기 초반에 있을 경우 시장성장 가능성이 높은 벤처기업으로 판단함(벤처백서, 2000).

는 점을 고려한다면 이러한 유형화는 벤처기업에 관한 제한된 정보만을 제공한다고 할 수 있다.

<그림 4-1> 벤처기업의 유형화 기준과 유형별 분포

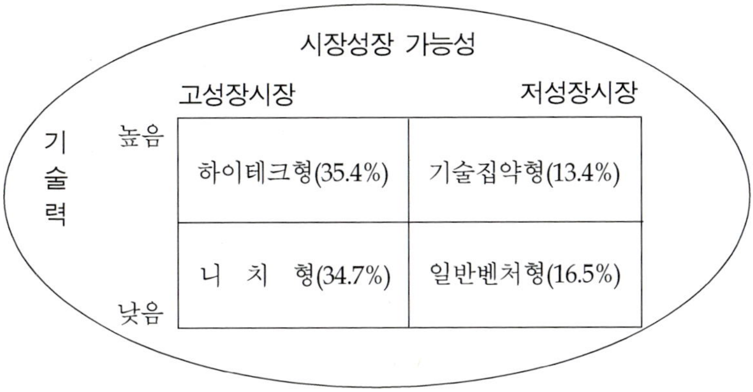

		고성장시장	저성장시장
기술력	높음	하이테크형(35.4%)	기술집약형(13.4%)
	낮음	니 치 형(34.7%)	일반벤처형(16.5%)

출처: 중소기업청(2000)

　기술발전과 함께 등장한 지식정보기반사회라는 새로운 경제패러다임 하에서는 지금까지 지배적이던 경쟁의 개념이 변화한다. 산업사회의 대량생산체제 하에서 '규모의 경제' 개념이 중요했다면, 다양한 소비자의 세분화된 욕구를 충족시키기 위한 다품종소량생산 시스템에서는 '범위의 경제'의 중요성이 커진다. 기업들은 시장의 변화에 빠르게 대응하기 위해서는 기업들 간 관계(relation)나 연결(network)을 염두에 두고 경쟁 혹은 협력을 해야 한다. 왜냐하면 이러한 네트워크를 통해 소규모 기업들은 개별 기업단위 수준에서는 만들어낼 수 없었던 새로운 구조와 경쟁력을 가질 수 있게 되기 때문이다. 따라서 기업이 갖고 있는 개별적 속성뿐 아니라 기업들 간의 관계에 대한 고려가 시장분석에 필수적으로 포함되어야 한다.[43] 최근

---

43) 이런 의미에서 벤처기업들의 대표적 집적지역인 테헤란밸리의 경우, 그 지역적 특성으로 가장 많이 거론되는 것이 기업들 간 네트워크(연결망)이다. 이는 물적 네트워크, 인적 네트워크, 정보 네트워크 등 다양하다. 테헤란밸리 지역의 대표적인 벤처기업의 CEO 들이 어떻게 연결되어 있는지를 보도한 글에서는, 이러

시장에 진출하는 소규모 기술기반 기업들은 전략적 경제행위를 결정할 때 다른 기업들과 어떤 관계맺음이 효과를 발휘할 것인가를 점차 중요하게 생각하고 있다. 벤처기업들을 중심으로 이뤄지는 기업 간 전략적 제휴는 이러한 연결망 효과를 극대화시키기 위한 것이다. 이처럼 연결망44)을 통한 시장구조 분석은 경제행위자와 경제구조와의 상호작용을 통해 구조와 행위의 역동성을 포착하여 시장의 구체적인 모습을 파악할 수 있게 한다.

연결망을 통한 시장 분석은 여러 수준에서 가능한데, 기업의 개별적 속성분석, 관계적 속성 분석, 그리고 관계적 속성의 총화로 나타나는 구조적 속성 분석의 세 가지로 구분된다(김용학, 1992; 이재열, 1999). 먼저 개별적 속성이란 기업의 규모, 자본, 매출 등 기업들이 갖고 있는 고유한 특징을 가리킨다. 관계적 속성은 기업이 다른 기업과 맺는 관계의 형태를 뜻하는 것으로, 공동참여 형태, 거래관계, 기술협력 관계 등이 여기에 포함된다. 마지막으로 관계적 속성의 총화로 나타나는 구조적 속성은 전체 연결망의 형태를 규정하는 분석단위이다. 이는 관계에서 발현되는 구성적인 특성으로 관계적 속성과 마찬가지로 개별 조직의 속성으로 환원될 수 없는 어떤 것이다. 우리는 이러한 다양한 분석수준을 서로 연결시켜 기업행위와 시장구조를 분석할 수 있다. 기업들의 시장참여 행위를 통해 시장 수준의 관계성을 끌어낼 수 있으며, 시장의 구조적 특성이 기업행위에 어떤 영향을 미치는지를 분석할 수 있다.

한 특정 지역의 인적 네트워크가 시장의 전략적 행위를 결정하는데 중요한 역할을 하고 있음을 강조한다.

44) 사실 이러한 관계맺음(networking)의 구체적인 형태가 무엇인지에 대해서는 시장특성에 따라 다양할 수 있다. 연구자가 자신의 연구목적에 맞게 시장을 가장 잘 설명할 수 있는 연결고리를 찾아내는 일이라고 할 수 있는데, 국내에서의 지금까지 연구에서는 하청관계가 상대적으로 많이 논의되었다(장호, 1997; 김경동 외, 2000). 이러한 하청관계는 기업간 직접적 관계로 볼 수 있으며, 이 하청관계 이외에 벤처캐피털과 벤처기업들 간의 자금지원 관계맺음을 통한 시장구조 분석도 가능하다. 그러나 이 책에서는 자료의 제한으로 인해 직접적 관계가 아닌 간접적 관계를 통해 구조적 속성을 설명한다.

이상의 논의를 디지털컨텐츠산업에 참여한 기업들의 시장구조 분석에 적용해 보자. 디지털컨텐츠시장은 다양한 소비자들의 욕구를 충족시킬 수 있는 컨텐츠를 생산해야 하며, 기술발전 정도에 따라, 혹은 사회의 정보기술기반 시설의 확장 정도에 따라 서로 다른 디지털컨텐츠시장이 만들어진다. 따라서 지속적인 변화를 겪고 있는 디지털컨텐츠시장에 대한 분석은 기업들의 개별적 속성을 통해서 뿐 아니라 연결망을 통한 관계적 속성을 파악하여 시장의 구조적 속성이 드러날 수 있도록 해야 한다. 이를 위해 디지털컨텐츠시장에 참여한 기업의 시장참여 행위를 근거로 연결망을 구성하여 디지털컨텐츠시장의 구조적 특성을 분석하고, 이러한 시장의 구조적 특성이 기업의 시장성과에 어떤 영향을 미치는 지를 분석한다.

2. 디지털컨텐츠기업의 개별적 특성

연결망 분석에 앞서 먼저 디지털컨텐츠기업의 개별적 특성을 시장진입 시기, 시장 규모, 기업의 컨텐츠산업 참여 정도 등을 중심으로 살펴보자.

디지털컨텐츠시장은 이미 산업형성과 발전에서 살펴본 것처럼 신생시장이다. 디지털컨텐츠기업의 설립시기를 살펴보면, 1997년 이전에 설립된 업체는 전체의 31%이며 과반수가 넘는 58%가 1999년 및 2000년에 집중되었다(<표 4-1> 참조). 1997년 이전에 설립된 기업 중 오래된 기업은 인터넷 기반 이전 PC통신을 네트워크로 컨텐츠서비스 시장에 진입한 기업이 많으며, 1999년 이후 설립된 기업에 비해 기업규모가 큰 편이다. 1999년 이후에 설립된 기업은 벤처기업의 성격을 보이는 영세한 규모의 기업들이 대다수를 이루고 있는 것으로 보인다.

<표 4-1> 디지털컨텐츠업체의 설립연도

(N=613)

설립년도(r)	Freq.	Percent	Cum.
2000년	178	29.04	29.04
1999년	176	28.71	57.75
1998년	69	11.26	69.00
1997년 이전	190	31.00	100.00

이는 자본금 규모에서 확인할 수 있다. 디지털컨텐츠기업의 자본금 규모는 1억에서 5억원 미만인 기업이 전체 기업의 31%를 차지하고 있다(<표 4-2> 참조). 자본금 규모가 1억원 미만인 영세 업체도 전체의 15%를 차지하고 있어 디지털컨텐츠기업 규모의 열악함을 확인할 수 있었다. 그러나 자본금 규모가 10억을 넘는 대규모 기업도 전체 기업의 37%를 차지하고 있어 시장 자체가 양분되어 있음을 알 수 있다.

<표 4-2> 디지털컨텐츠업체의 자본금

(N=602, 단위: 기업 수)

자 본 금	Freq.	Percent	Cum.
5천만 원	36	5.98	5.98
5천만-1억원 미만	53	8.80	14.78
1억-5억원 미만	184	30.56	45.35
5억-10억원 미만	108	17.94	63.29
10억-20억원 미만	106	17.61	80.90
20억원 이상	115	19.10	100.00

그렇다면 신생산업의 특성을 보이는 디지털컨텐츠시장에 진입한 기업은 어떤 유형의 컨텐츠를 서비스하고 있는지를 살펴보자. 다시 말하면 디지털 컨텐츠기업이 여러 유형의 컨텐츠산업에 참여하는지 아니면 특정 컨텐츠 산업에 제한적으로 참여하는지를 파악하여 개별 기업 수준에서의 시장 특

성을 파악해 보자. 기존 연구[45])에서는 기업이 참여하는 '산업의 수'를 기업의 사업다각화의 한 지표로 삼고 있다. 이를 디지털컨텐츠기업들에 적용시켜 본다면 현재 디지털컨텐츠기업들이 사업다각화를 모색하고 있는지, 아니면 주력 컨텐츠산업 위주로 전문화되고 있는지를 파악할 수 있을 것이다. 다음 <표 4-3>는 디지털컨텐츠기업들이 참여하고 있는 컨텐츠산업의 수를 보여주고 있다.

<표 4-3> 기업들의 참여 컨텐츠산업 수

참여 컨텐츠산업 수	Frequency	%
1개	295	57.8
2개	115	22.5
3개	43	8.4
4개	21	4.1
5개	15	2.9
6개 이상	21	4.1
전체	510	100.0

<표 4-3>에 따르면, 전체 디지털컨텐츠기업의 57.8%가 1개의 컨텐츠산업에만 참여하고 있으며, 2개의 컨텐츠산업에 참여하고 있는 기업은 23%로 나타나 전체 80%의 기업들이 1개 혹은 2개의 컨텐츠산업에 참여하고 있는 것을 알 수 있다. 따라서 현재 디지털컨텐츠시장은 다각화 전략보다는 한 두 개의 주력 컨텐츠 위주로 전문화되고 있음을 알 수 있다. 그러나 나머지 20% 기업들은 3개 이상의 컨텐츠산업에 참여함으로써 전문화에 따른 위험을 줄이는 다각화전략을 취하고 있는 것으로 나타났다. 시장의 중복 참여라는 이러한 다각화 전략은 집중에 따른 위험을 줄일 수 있

---

45) 김경동·박찬웅 외(2000)의 연구에서는 SI업체들과 참여 산업과의 연결망 분석을 통해 기업들의 산업참여수를 사업다각화의 한 지표로 보고 있다.

는 장점을 갖고 있지만, 다른 한편으로 기업 간 컨텐츠업종의 중복으로 인해 경쟁이 격화되는 면이 있다.

　이러한 시장 경쟁은 시장의 수용능력이 동일할 경우 그 시장이 많은 기업이 진입할수록 강화된다. 시장의 수용능력이란 그 시장의 크기를 의미하는 것으로 대개 평균 매출액이나 자본금으로 추정한다. <그림 4-2>는 디지털컨텐츠기업들의 참여컨텐츠산업 수별 매출액 크기의 분포를 보여주고 있다. 이는 현재 디지털컨텐츠시장의 시장경쟁 정도를 개략적으로 파악하고자 하는 것이다.

<그림 4-2> 기업의 참여 컨텐츠산업 수 별 매출액 분포(n=283개)[45]

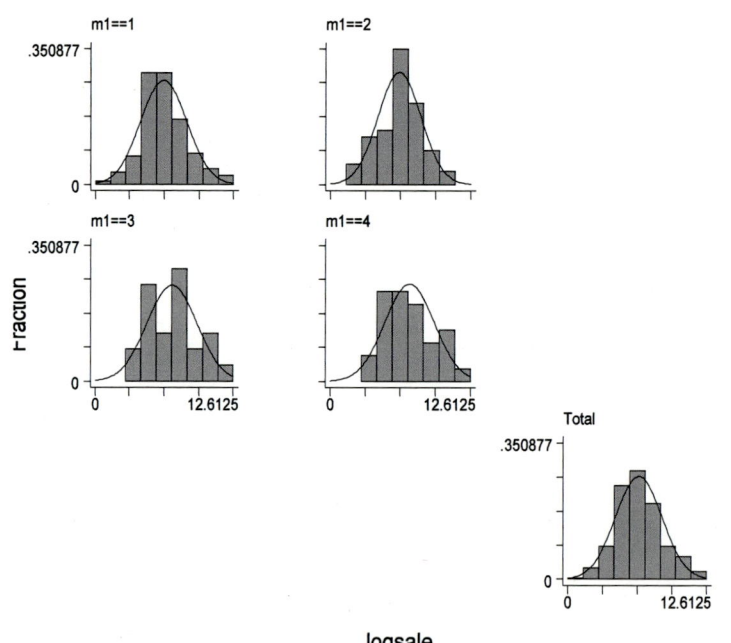

logsale
Histograms by m1

---

46) 기업의 매출액의 분산이 크기 때문에 자연로그값을 취함.

<그림 4-2>에서 m==1로 표시된 것은 한 개의 컨텐츠산업에 참여하고 있는 기업들의 매출액 크기 분포이며, m==2는 2개의 컨텐츠산업에, m==3은 3개의 컨텐츠산업에, m==4는 4개 이상의 컨텐츠산업에 참여한 기업들의 매출액 분포이며, total이라고 표시된 것은 디지털컨텐츠기업 전체의 매출액 분포를 막대그래프(histogram)로 표시한 것이다. <그림 4-2>에서 알 수 있듯이 한 개 혹은 두 개 정도의 특화된 컨텐츠산업에 참여하는 디지털컨텐츠기업의 매출액 분포와 3개 혹은 4개 이상 다수의 컨텐츠산업에 참여한 기업의 매출액 분포 사이에 큰 차이가 없는 것으로 보인다. <표 4-4>는 참여 컨텐츠산업 수별 매출액 평균을 보여주고 있다. 참여 산업별 매출액의 평균은 4억 8천만 원 정도이며, 여기에는 백만 원부터 100억 이상의 매출액을 보이는 기업들이 혼재하고 있다.

<표 4-4> 참여 컨텐츠산업 수 별 기업 매출액 평균

(N=283)

참여 컨텐츠산업 수	평균매출액(Log X)
1개	6.2322
2개	6.2022
3개	7.0158
4개	7.1378
전체	6.4198

우리는 앞에서 전체 컨텐츠기업들 중 1개 혹은 2개의 컨텐츠산업에 참여하고 있는 기업 비율이 전체 기업의 80%를 넘는 것을 알 수 있었다. 따라서 시장 수용 능력이 비슷하다면 많은 기업이 참여한 시장의 경쟁강도가 높을 것이란 추정이 가능하다. 시장에서의 경쟁의 강도와 기업 매출은 어떤 상관정도를 보이고 있을까? 기업 매출액과 다른 변수와의 상관관계를 보여주는 것이 <표 4-5>이다. 매출액, 자본금, 고용인원, 참여 컨텐츠산업수간 상관관계를 보면 변수 간 모두 정(正)의 관계를 보이고 있다.

매출액과 가장 높은 상관정도를 나타내는 것은 기업규모 변수인 고용인원
이다. 다음으로 자본금 변수가 매출과 상대적으로 높은 상관정도를 나타냈
으며, 기업의 참여컨텐츠 산업수와 매출과는 다른 변수에 비해 낮은 상관
정도를 보이고 있다.

<표 4-5> 변수들 간의 상관관계(correlation table)

	매출액 규모	자본금	고용인원	참여컨텐츠산업수
Ln 매출액	1.0000			
Ln 자본금	0.4424***	1.0000		
Ln 고용인원	0.6710***	0.5386***	1.0000	
참여컨테츠산업수	0.2597***	0.4492***	0.2835***	1.0000

*: p<0.1 **: p<0.01 ***: p<0.001

이러한 상관관계를 파악한 다음, 매출을 종속변수로 하고, 자본금, 고용
인원, 참여 컨텐츠산업 수를 독립변수로 한 회귀분석을 실시해보자. 그 결
과는 다음 <표 4-6>과 같다.

<표 4-6> 회귀모형의 변수별 계수들

logsale	Coef(β).	Std. Err.	t	P>|t|
logcap	.2896272	.1920454	1.508	0.139
logno	1.229186	.2289699	5.368	0.000
qa1_qty	.0142479	.0621863	0.229	0.820
_cons	1.452417	1.023404	1.419	0.163

R-squared=0.5268, Prob>F=0.0000
logsale-매출액 로그값, logcap-자본금 로그값, logno: 고용인원 로그값,
qa1_qty: 참여컨텐츠 산업 수

<표 4-6>에 의하면 디지털컨텐츠기업들의 매출액에 통계적으로 유의한
영향을 미치는 변수는 기업의 종업원 수인 것을 알 수 있다. 즉, 종업원

수가 한 단위 증가하면 매출액은 1.229 증가하는 것으로 나타났다. 그러나 나머지 변수들은 매출액과 정의 관계를 보이고 있으나 통계적으로 유의하지 않은 것을 알 수 있다.

제2절 디지털컨텐츠산업 공동참여 연결망 구성

1. 공동참여연결망의 구성 과정

우리는 디지털컨텐츠(Digital Contents, 이하 DC로 표기함)기업이 어떤 컨텐츠 유형을 제작·유통하는지에 대한 정보를 통해 DC업체 X 컨텐츠산업의 소속행렬(Affiliation matrix)을 구성하여, 이를 토대로 DC기업행위자의 기업들 간의 관계, 컨텐츠산업간 관계를 분석할 수 있다. 다시 말하면 디지털컨텐츠기업들이 참여하고 있는 컨텐츠산업에 관한 공동참여연결망이라는 행렬을 통해 기업간 연결망, 산업간 연결망을 분석할 수 있다는 것이다. 기업과 산업의 소속행렬은 <표 4-7>과 같이 나타낼 수 있다.

<표 4-7> 디지털컨텐츠 기업과 컨텐츠산업의 소속행렬 표시 방식

	컨텐츠 산업a	컨텐츠 산업b	컨텐츠 산업c
DC A사	1	1	0
DC B사	0	0	0
DC C사	1	1	1

이 행렬은 특정 디지털컨텐츠 기업 A사가 특정 컨텐츠 유형a(예를 들어 음악, 게임, 증권 등등이 이러한 컨텐츠 산업유형에 속한다)를 제작, 유통하고 있으면(인터넷상에서 서비스하고 있으면) 1로 나타내고, 그렇지 않으면 0으로 표시한다. 개별 디지털컨텐츠 기업들이 어떤 종류의 컨텐츠를 제작하거나 제작된 컨텐츠를 온라인망을 통해 유통시키는 지에 여부47)는 기업의 개별적 속성에 해당하는 것이다. 우리는 이러한 기업의 개별적 속성으로부터 관계적 속성을 끌어낼 수 있다. 이 책의 분석에서 사용하는 자료48)는 「디지털컨텐츠산업 실태조사」로, 이 자료에 따르면 2001년 현재 650개의 디지털컨텐츠기업이 있다.49) 그러나 디지털컨텐츠업체 자료를 검

---

47) 오늘날 인터넷에서 컨텐츠를 제공하는 기업들은 과거 PC통신을 기반으로 정보를 제공하던 정보제공기업(Information Provider)에 비해 제작사와 유통사가 통합된 형태로 나타난다. 다시 말하면 불과 몇 년 전 인터넷이 대중적 커뮤니케이션으로 자리 잡기 이전, PC통신은 온라인 커뮤니케이션의 일반적 방식이었으며, 이때 온라인상에서 정보(Inoformation, contents)를 제공하던 IP들은 컨텐츠를 제공하기 위한 컨텐츠 제작사들과 만들어진 컨텐츠를 온라인상에 유통시키는 유통사로 나눠져 있었고, 이들의 시장구조는 제작시장의 경우, 소규모의 전문 데이터베이스 제작 사들과, 몇 개의 그룹화 된 제작사군으로 나눠져 있었고, 유통시장의 경우 하이텔, 천리안, 유니텔 등 초기 시장진입을 통해 시장의 80%이상을 장악하고 있던 거대 유통기업군과, 후발 유통기업군으로 나눠져 있었다. 이러한 정보제공 산업의 시장구조는 인터넷이 대중화된 1990년대 중반(대략 1995년 혹은 1996년을 기점으로) 이후 급격하게 재구조화과정을 겪었는데, 가장 대표적인 특징 중 하나가 더 이상 컨텐츠 제작시장과 유통시장이 분리되지 않은 채 컨텐츠를 제작한 기업이 자신의 웹사이트에서 그 컨텐츠를 유통시킬 수 있는 네트워크 망을 가질 수 있었다는 것이다. PC 통신 기반 정보제공 산업의 시장 특성에 대해서는 이재열외 (1997) 참조.

48) 자료에 대한 자세한 설명은 1장 2절을 참고.

49) <디지털컨텐츠산업실태조사>과정에서 조사 대상자 선정과 자료 획득과정을 좀 더 구체적으로 살펴보면, 이 조사를 위해 한국 소프트웨어 진흥원, 정보통신정책연구원, 한국온라인컨텐츠협회 등에서 제공한 리스트를 토대로 전체 기업수를 파악해 본 결과 최초 1,313개의 기업체가 있음을 확인할 수 있었다. 그러나 1차 검색결과 단숨 중복이나 소재불명 기업을 제외하니 1,020개 기업으로 줄어들었고, 이후 2차 스크리닝 과정(screening process)을 통해 디지털컨텐츠사업과 관련 없는 업체를 제외하니 810개의 업체가 남았다. 이 기업을 대상으로 디지털컨텐츠산업 실태조사에 회수된 기업 수는 650개였다. 설문조사를 거절한 기업들은

토해보면 내용이 부실해서 분석에 사용할 수 없는 업체 자료가 의외로 많았다. 이는 결국 현재 디지털컨텐츠산업의 영세성이나 불안정성을 간접적으로 알려주는 것이다. 이들은 1) 회사에 관한 자료를 제공하지 않았거나 2) 실제 어떤 컨텐츠산업에 종사하는지에 대한 정확한 자료를 제공하지 않아 참여 컨텐츠산업 연결망 분석에 사용할 수 없었다. 전체 디지털컨텐츠 기업 중 연결망 분석에 사용할 수 있는 자료는 242개 기업에 불과했다. 이들 242개 기업이란 기업이 생산, 유통시키는 컨텐츠산업 자료와 동시에 기업의 개별적 속성에 관한 자료를 동시에 제공하고 있는 기업들이다. 이제 242개 DC업체들이 참여하고 있는 컨텐츠산업 부문을 17개 분야로 나누고, 개별 DC 업체들이 어떤 컨텐츠산업에 참여하고 있는가를 나타내는 DC업체 X 컨텐츠산업의 공동참여연결망(joint involvement network)을 구성해 보자. 17개 디지털컨텐츠산업 부문은 음악 산업, 영화산업, 전자출판산업, 스포츠산업, 뉴스정보산업, 교육산업, 게임산업, 금융산업, 가정, 법률, 의료, 부동산, 날씨, 레저, 만화, 취업, 기타산업으로 구성된다.

 여기서 분류한 컨텐츠산업 부문은 자료수집 당시 기업들의 활동을 기준으로 한 컨텐츠산업 부문 구분에 따랐다. 디지털컨텐츠산업 부문 구분과 관련하여 기존의 여러 분류법이 있으나(KISDI, 2000; 정보통신부, 2001) 아직 공통된 컨텐츠산업 분류는 만들어지지 않았다. KSIDI(2000)는 전체 인터넷 산업 분류를 한국표준산업 분류와 유사하게 대분류, 중분류, 소분류 수준으로 나누고 있는데, 인터넷 산업을 대분류를 기준으로 나누면 기반산업, 지원 산업, 활용산업으로 나눌 수 있으며, 디지털컨텐츠산업에 해당하는 인터넷컨텐츠산업은 세 부문 중 활용산업 부문에 포함된다. 활용산업은 응용서비스 부분, 컨텐츠부문, 전자상거래 부문으로 구성된다.[50) 다

 회사 규정상 대외비로 인해 설문에 응하지 않은 업체들로 판단된다. 그러나 650개의 업체 자료 중 응답이 부실하여 데이터로서 가치가 없는 질문지가 많았다. 따라서 실제 분석에 사용할 수 있는 데이터 정정과정(data cleaning process)을 통과한 질문지는 510개였다(한국소프트웨어진흥원, 2001)

시 컨텐츠 부문은 인터넷 미디어, 엔터테인먼트, 전문정보서비스의 3개의 소분류 수준으로 나눠진다. 정보통신부(2001)는 디지털콘텐츠산업을 "첨단 IT기술을 사용하여 부호, 문자, 음성, 음향, 영상 등을 디지털포맷으로 가공·처리하여 정보통신망, 디지털방송망, 디지털저장매체 등을 통하여 활용하는 정보"라고 보다 포괄적으로 정의하면서 디지털컨텐츠산업이란 DB산업, S/W산업, 인터넷을 기반으로 제작, 유통, 소비되는 것 뿐 아니라 DVD, CD-ROM 등 오프라인으로 제작, 유통, 소비되는 것 등을 모두 디지털콘텐츠 산업으로 정의하고 있다. 또한 이 산업영역은 정보기술의 발전에 따라 새로운 하위 범주가 등장하면서 계속 확장되고 있음을 강조하면서, 온라인에서 나타나는 비즈니스의 유형에 따라 구분하는 것이 유용하다는 점을 강조한다. 정보통신부는 디지털컨텐츠산업을 크게 11부문으로 나누는데, 이는 정보, 출판, 게임, 영상, 교육, 음악, 웹 캐스팅, 시뮬레이션, 원격진료, 메일링서비스, 모바일 콘텐츠로 구성된다. 이러한 디지털컨텐츠산업 구분은 이 연구에서 택하고 있는 컨텐츠산업 부문과 크게 상이하지 않다. 컨텐츠산업 분류에서 중요한 점은 현재 디지털컨텐츠기업들의 활동을 기준으로 나눠야 한다는 점이다. 따라서 이 연구에서는 업체 조사 당시 이들의 활동을 기준으로 나눠진 17개 컨텐츠산업 분류를 행위자 연결망 구성에 사용하도록 하겠다.

이렇게 구성된 디지털컨텐츠기업 X컨텐츠산업의 two-mode network에서 두 종류의 연결망을 수학적으로 도출할 수 있다. 하나는 디지털컨텐츠 기업 X기업 연결망이며, 다른 하나는 컨텐츠산업 X컨텐츠산업 연결망이다.

---

50) 여기서 전자상거래로 분류된 업체들과 컨텐츠 업체들간의 중복이 있을 수 있다는 점이다. 현재 많은 컨텐츠 업체들이 아주 적은 비율이나마 컨텐츠의 유료화를 통한 수익구조 개선을 시도하고자 하며, 이 경우 이러한 유료화과정은 전자상거래의 형태로 나타날 것이다. 또한 많은 컨텐츠 업체들은 전자상거래 사이트와 링크되어 운영되고 있는 실정이다. 따라서 컨텐츠 부문과 전자상거래 부문을 각자 독립된 하위부문으로 나누고 있는 점은 산업구조 파악에 제한을 준다.

즉, 242개 디지털컨텐츠 기업과 17개 분야 디지털컨텐츠산업간 참여 유무를 표시한 소속연결망(affiliation network, <부표 2>참조)을 근거로 디지털컨텐츠 기업들 간 관계와 컨텐츠 산업 사이의 관계를 수학적 계산으로 도출할 수 있다. 이를 좀 더 구체적으로 설명해보자. 디지털컨텐츠 기업과 컨텐츠산업간 소속행렬을 A라고 한다면, 기업들 간의 소속행렬은 $M=(A \times A')$로 계산이 가능하고(<부표 3>참조), 컨텐츠산업들 간의 소속행렬은 $D=(A' \times A)$로 계산이 가능하다(<부표 4>참조). M행렬의 행과 열의 요소는 DC기업들 간 동일한 컨텐츠 시장에 참여하고 있는 정도를 나타내며, D행렬의 행과 열의 요소는 컨텐츠 유형들 간의 관계의 중복 혹은 근접성 정도를 드러낸다. 여기서 우리는 행렬 M으로부터 도출되는 관계의 양상을 통해 기업들 간의 관계를 유추할 수 있으며, 이러한 기업들 간의 관계의 구조화를 통해 기업들이 취하는 전략의 유사성도 확인할 수 있다. DC업체 X디지털컨텐츠산업 소속연결망은 242 X 17 크기의 행렬(matrix)로 구성되며, 연결망 모양은 직사각형(rectangular)이다. 행렬의 각 셀은 행의 기업A가 열의 산업 A에 참여하면 1, 그렇지 않으면 0으로 표시된다. 이 공동참여연결망의 역행렬인 디지털컨텐츠산업 X DC업체를 본래의 행렬에 곱해주면 DC업체 X DC업체의 연결망을 만들 수 있다. 이 행렬은 242 X 242 크기의 연결망이며, 각 칸(cell)의 숫자는 기업 A와 기업 B가 같이 디지털컨텐츠산업에 참여하면 1, 그렇지 않으면 0으로 표시되고, 2개의 산업에 같이 참여하면 2의 순서로 나타난다. 대각선상의 수는 기업 A와 기업A간의 연결을 나타내는데, 이러한 연결은 의미가 없기 때문에 분석에서 제외한다. 즉, Xij에서 DC기업 i가 DC기업 j와 하나의 산업에 같이 참여하고 있으면 1, 2개의 산업에 같이 참여하고 있으면 2로 표시되고, 최대수치는 산업의 총수인 17이다. 디지털컨텐츠산업 연결망은 17 X 17의 크기를 갖게 되며, 연결망 행렬의 각 셀은 컨텐츠산업 A와 컨텐츠산업 B에 동시에 참여한 기업의 수를 의미한다. 즉, Xij에서 컨텐츠산업 i와 컨텐츠산업 j에 동시에 참여한 기업이 한 개 있으면 1, 2개의 기업이 같이 참여하고 있으면 2로 표시된다. 이 연결망에서도 동일한 산업 간의 연결을 나타내는 대각선상의 숫자는 분석에서 제외한다.

　공동참여연결망의 분석을 통해 우리는 어떤 기업들이 유사한 컨텐츠산업에 참여하는지, 그리고 이러한 컨텐츠산업의 참여라는 기업의 개별적 행위가 기업들 간 어떠한 관계의 망을 통해 시장을 구조화하는지를 알 수 있다. 또한 기업군간, 기업 내 전략적 제휴의 가능성을 간접적으로 추론할 수 있다. 즉, 기업의 연결망은 경쟁과 공존의 두 가지 양상이 동시에 포함된다. 따라서 연결의 함의가 무엇인지에 대해서는 연결된 기업 속성을 다시 분석하여 해석할 필요가 있다. 한편, 컨텐츠산업 A와 컨텐츠 산업 B가 연결되어 있다는 것은 두 산업의 컨텐츠 내용이 밀접히 연관되어 있다는 의미이다. 왜냐하면 한 기업에서 전혀 관계없는 두 영역의 컨텐츠산업에 동시에 참여하는 것은 비효율적이기 때문이다. 예를 들어 어떤 기업이 금융컨텐츠산업과 게임컨텐츠산업에 동시에 참여하기란 힘들다. 이는 컨텐츠를 필요로 하는 서로 다른 소비자들을 동일한 시장으로 묶어 내기가 어렵기 때문이다. 기업이 동일한 컨텐츠산업에 참여하는 것은 이들 참여기업들이 유사한 소비자들을 대상으로 경제행위를 한다는 것을 뜻한다. 이러한 시장참여를 통해 기업들이 만들어내는 시장구조에 대한 분석은 기업 간 맺는 경제적 관계, 혹은 산업간 관계를 통해 시장의 내부구조를 분석하는 것이 된다.

2. 연결망 분석에 사용된 기업의 특성

　우리는 지금까지 이러한 행렬자료의 변환을 통해 기업간, 컨텐츠 산업간 내부시장 분석이 가능하다는 점을 확인했다. 소속연결망 행렬자료에서 각 칸(cell)의 숫자가 크다는 것은 각 칸을 연결하는 행과 열에 위치한 기업들 간, 혹은 컨텐츠 산업간 중복 혹은 근접성 정도가 크다는 것을 의미한다. 이는 이들이 유사한 조직군에 속할 가능성이 크다는 것을 뜻한다. 컨텐츠 산업간 거리가 가깝다는 것은 컨텐츠 산업의 시장위치가 유사하다는 의미이다. 이와 같은 관계의 유형분석은 기업 간 간접적 연결을 통해 잠재적 경쟁가능성과 내부시장 구조를 파악할 수 있게 한다.

우리는 앞에서 연결망 분석을 위해 공동참여연결망을 구성했다. 그런데 조사 대상에 포함된 전체 기업 모두 연결망 분석에 사용될 수 없다는 점을 이미 설명했다. 그렇다면 연결망 분석에 포함된 디지털컨텐츠기업이 갖고 있는 일반적 특성이 전체 디지털컨텐츠기업과 유사한지를 살펴보자.

디지털컨텐츠기업들은 1989년에 설립된 기업에서부터 2000년 설립된 기업까지 시장진입 시기에서 다양성을 보이고 있다. 그러나 1999년 시장에 진입한 기업은 28%, 2000년에 시장에 진입한 기업은 32%로 전체 기업 중 60%가 1999년 이후 시장에 진입한 것을 알 수 있다. 이러한 시장 진입 시기는 전체 디지털컨텐츠기업과 유사한 것이다. 정보기술관련 정책을 주도적으로 추진하던 정부는 1998년 하반기부터 벤처기업 인증서를 발급하기 시작했는데, 이런 점을 감안하면 1999년 이후 디지털컨텐츠기업의 활발한 시장진입이 설명된다. 디지털컨텐츠기업들은 네트워크 기반이 인터넷으로 변화하기 이전 PC통신을 중심으로 온라인 네트워크가 형성된 시기에 설립되었던 유통 중심의 컨텐츠기업에서부터 설립한지 6개월 정도 되는 신생기업들이 혼재하고 있는 상황이었다. 따라서 기업 매출이나 자본금, 종업원수 등에서 많은 편차를 보이고 있다. 1997년 이전에 설립된 기업은 자본금 규모에서 크기가 큰 기업들이며, 1999년과 2000년에 설립된 기업들은 기업 인원도 적고 자본금 규모도 적은 벤처기업의 속성을 많이 나타내는 기업들이라고 볼 수 있다(<표 4-8> 참고).

<표 4-8> 디지털컨텐츠기업의 일반적 특징

항 목	사례수	평 균 (Mean)	표준편차 (S.D)	최소값 (Min)	최대값 (Max)
설 립 연 도	242	1997.8	2.75	1989	2000
자 본 금	81	67.4296	255.47	0	2000
규모(종업원수)	237	30.2	61.5	1	700
매 출 액 *	110	4853.6	17138.8	10	130000
컨텐츠관련 매출	128	2321	8936.383	0	92150
제 공 컨 텐 츠 수	242	2.01	2.08	1	17

* 242개 기업들의 자본금 규모에 대해 두 단계로 질문했다. 즉, 보기에서 자신의 자본금을 선택하게 한 다음, 구체적인 자본금 규모를 천만 원 단위로 직접 쓰게 했는데, 구체적인 자본금을 기록한 기업은 242개 업체 중 81개에 불과했다. 이러한 자료는 디지털컨텐츠기업의 환경이 영세함을 짐작케 하는 부분이다.

** 매출액 규모의 수치에서 확인할 수 있는 것은 평균값을 중심으로 한 표준편차 값이 아주 크다. 표준편차란 각 개별 값과 평균값과의 차이의 제곱을 exponent($\sqrt{}$)형태를 취한 것으로 이는 기업의 매출 및 자본금 규모 등이 정규분포로부터 많이 벗어나 한쪽으로 편중되어 있음을 의미 한다. 따라서 이러한 편중된 분포를 폭을 줄이기 위해 이들 수치들은 모두 대수전환(log transformation)하여 분석에 사용하였다. 자본금 규모도 매출액과 동일하게 로그값으로 환하여 분석에 사용한다.

*** 매출액, 자본금 등의 단위는 백만 원임.

전반적으로 디지털컨텐츠기업들이지만 컨텐츠가 전체 매출에서 차지하는 부문은 미미한 수준에 머물러 있음을 알 수 있다. <그림 4-3>은 전체 매출액에서 컨텐츠사용료가 차지하는 비율을 보여준다. 그래프의 축은 0%에서 100%까지로 (컨텐츠매출액 / 전체매출액) X100(%)으로 계산한 값을 표시하는 것이다. 이 그래프는 boxplot 형식으로 표시한 것으로, 우리가 그래프 상에서 보여주고자 하는 값의 중심영역(center), 분포의 정도(spread), 대칭성(symmetry), outliers에 관한 정보를 시각적으로 나타낸 것이다(Hamilton.

L C, 1993). <그림 4-3>에서 알 수 있듯이 전체 기업들의 컨텐츠관련 매출액 비중은 낮은 것으로 보인다. 디지털컨텐츠기업의 86%가 컨텐츠관련 매출비중이 50%이하 기업으로 나타났다. 이는 현재 디지털컨텐츠기업의 컨텐츠 매출이 현저히 낮은 비중을 차지한다는 점을 말해주는 것이다. 대다수의 기업이 컨텐츠기업이라고 하지만 컨텐츠 수익모델이 분명하지 않은 상황에서 컨텐츠 관련 매출이 낮을 수밖에 없다.

<그림 4-3> 전체 매출액 중 컨텐츠 관련 매출이 차지하는 비중[50]

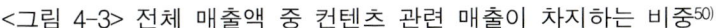
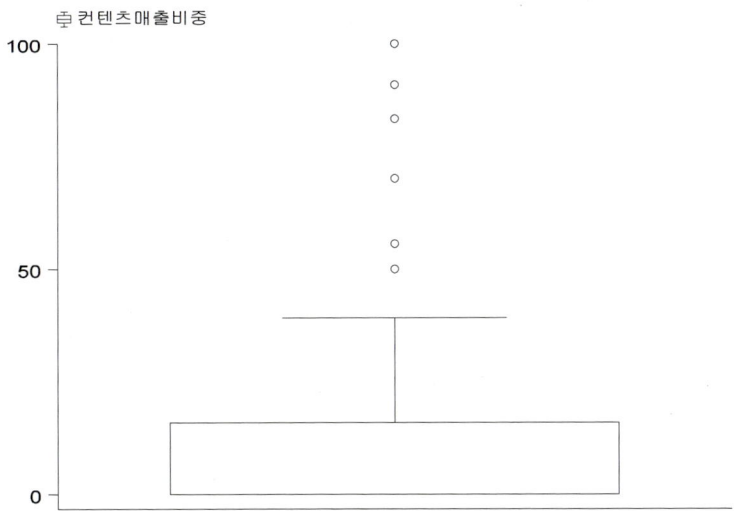

따라서 현재 디지털컨텐츠시장은 컨텐츠를 상품으로 판매하거나 서비스해서 수익을 남기는 것 외에 솔루션(solution) 판매, 라이센스 제공, 전자상거래 등의 비즈니스를 병행하고 있다. 이는 아직 컨텐츠시장의 수익모델이 뚜렷하지 않기 때문이다.

매출액과 컨텐츠산업 참여수와는 어떤 관련이 있는지를 파악해 보자. 디

---

51) 컨텐츠 판매 매출비중은 (컨텐츠사용료 매출/전체 매출액)×100으로 계산되었음.

지털컨텐츠기업이 몇 개의 컨텐츠산업에 참여하는 지를 파악하여, 복수의
컨텐츠산업에 참여하는 기업과 단수의 컨텐츠 산업에 참여하는 기업들의
매출규모를 비교해 봄으로서 시장전략과 매출과의 관련 정도를 알 수 있
다. 다음 <표 4-9>는 디지털컨텐츠기업들이 참여하고 있는 컨텐츠산업의
수를 보여준다.

<표 4-9> 디지털컨텐츠기업의 참여 컨텐츠산업 수

참여 컨텐츠산업 수	Frequency (단위: 기업 수)	Valid Percent (단위: %)
1개	141	58.3
2개	52	21.5
3개	22	9.1
4개	9	3.7
5개 이상	18	7.4
Total	242	100.0

디지털컨텐츠기업의 반수가 넘는 58.3%의 업체들이 1개의 컨텐츠산업
에만 참여하고 있으며, 2개 산업에 참여하고 있는 기업들은 21.5%로 전체
79.8%가 1-2개 산업부문에 참여하는 양상을 보인다. 이러한 양상 역시 전
체 디지털컨텐츠기업 현황과 유사한 것을 알 수 있다. 따라서 우리는 연결
망 분석에 사용된 디지털컨텐츠기업의 현황을 왜곡하지 않고 보여준다고
볼 수 있다.
그렇다면 연결망 분석에 사용된 기업의 참여 컨텐츠산업 수에 따른 매
출 차이를 살펴보자. <그림 4-4>는 참여 컨텐츠산업 수에 따른 매출 분
포를 보여주는 그래프이다.

<그림 4-4> 참여 컨텐츠 산업수별 매출액 비교

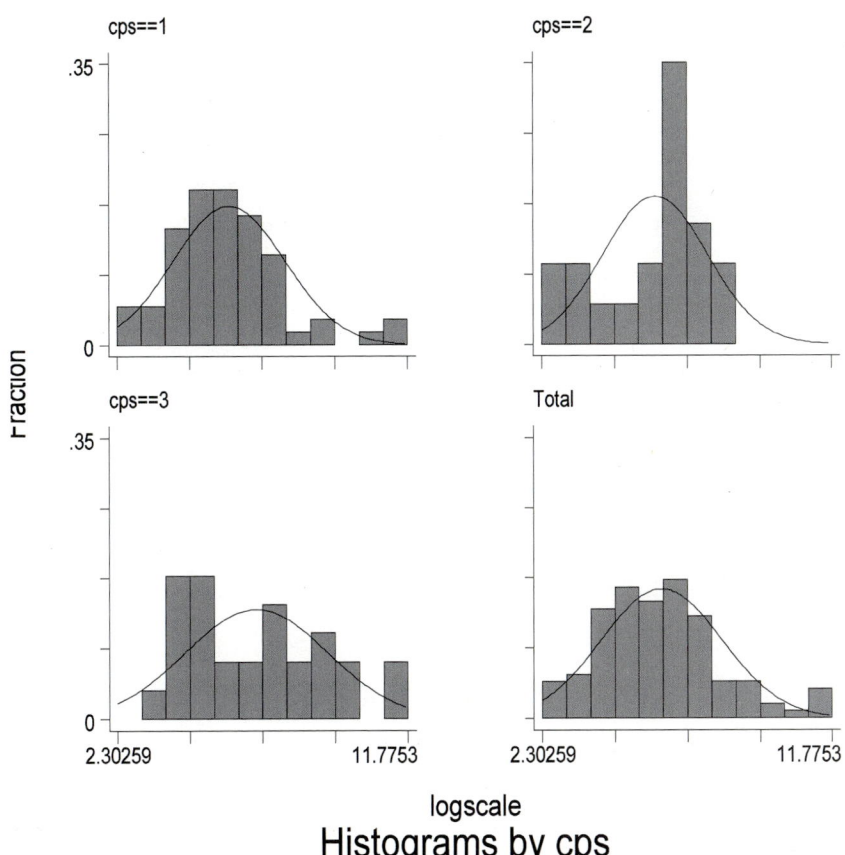

Histograms by cps

좌 상단부터 cps=1은 1개 컨텐츠산업에 참여한 기업들의 매출액분포를, cps=2는 2개 컨텐츠산업에 참여한 기업들의 매출액분포를, cps=3은 3개 이상의 컨텐츠산업에 참여한 기업들의 매출액 분포도를 나타낸 것이다. <그림 4-4>에 따르면 3개 이상 다양한 컨텐츠산업 부문에 참여한 기업의 매출분포(<그림 4-4>에서 cps==3으로 표시된 그래프)에 참여한 기업들의 매출분포는 전체(total) 기업의 매출 분포와 가장 유사한 형태임을 알 수 있다. 반면, 한 개 혹은 두 개의 컨텐츠산업에 참여한 기업의 매출액 분포는 기업별로 편차를 보이고 있음을 <그림 4-4>에서 확인할 수 있다. 즉, 어떤 기업은 매출성과를 많이 나타내지만(cps=2에서 막대그래프가 높게 솟아있는 경우). 어떤 기업은 매출이 거의 발생하지 않는 경우도 있음을 알 수 있다. 따라서 연결망 분석에 사용된 기업 매출 분포는 참여 컨텐츠 산업 수 별 차이를 보인다는 점을 알 수 있다. 이 부분은 이후의 분석과 정에서 좀 더 자세히 밝히도록 할 것이다.

제3절 공동참여연결망을 통한 시장구조 분석

1. 시장의 기업간 구조: '기업 X 기업'의 공동참여 연결망

1) 파벌(Clique) 분석

연결망 분석에서 구조를 파악할 때 먼저 시장구조가 몇 개의 하위시장 (subgroup)을 형성하며, 이 하위시장에 어느 기업들이 포함되는지, 그리고 각 하위집단은 어떤 특성을 나타내는지를 분석한다. 그리고 하위시장의 상대적 위치(position)를 파악하여 각 하위시장의 역할을 판명한다. 이러한 파벌 분석은 전체 연결망의 특성을 묘사적으로 보여줄 때 많이 사용한다. 파벌이란 직접적 관계망(direct tie)일 경우 강한 결속을 의미하는데, 우리사회의 학맥이나 인맥에 의한 연줄 망과 비슷한 개념이라고 볼 수 있

다. 즉, 어떤 조직사회 구성원들이 몇 개의 파벌로 나눠져 있는지를 파악
한다는 것은 전체 조직에서 어떤 속성을 공유하는 사람들이 같은 집단으
로 묶여지는지를 분석하여 조직원이 묶어지는 특성을 밝히는 것이다. 또한
하위집단간 관계가 긍정적 성격을 지니는지 혹은 부정적 성격을 지니는지
를 분석할 수 있는데, 이를 통해 조직의 하위집단이 담당하는 역할구조
(role structure)를 분석한다. 대개 하나의 파벌로 어떤 집단을 분류할 수
있다는 것은 그 파벌에 속한 구성원은 그들만의 정체성을 공유하거나 정
보를 공유한다는 의미이며, 이런 면에서 강한 결속을 가진 하위집단으로
보는 것이다. 그런데 파벌분석은 연결망 유형에 따라 구별될 필요가 있다.
예를 들어 기업 간 직접적 연결망 (하청관계, 자본의 출자와 수혜자 관계
등)은 물질이나 서비스가 직접적으로 연결된 것을 말한다. 우리가 분석하
는 공동참여연결망은 간접적 연결망(indirect network)이다. 이는 기업이
동일한 산업에 참여함으로써 '잠재적'으로 연결된다는 것이다. 따라서 공동
참여연결망에서의 파벌 분석 결과 동일한 파벌에 속해 있다는 것은 기업
간, 혹은 산업간 관계가 서로 경쟁적일 수 있다는 의미이기도 하며, 동시
에 전략적 제휴를 맺을 수도 있다는 사실을 의미한다.

2) 분석 결과

　디지털컨텐츠기업간 공동참여연결망 행렬은 정방향의 242X242의 행렬로,
각 셀의 숫자는 각 기업들이 공동으로 참여한 컨텐츠산업의 수를 의미한다.
따라서 파벌분석을 위해서는 각 셀의 多價적인(valued) 숫자로 구성된 행
렬을 二價적(binary) 행렬로 전환시켜야 한다[52]. 이 때 어떠한 기준숫자로
valued data를 binary data로 전환(transformation)하느냐가 중요하다.
일반적으로 기준숫자를 올린다는 것은 보다 많이 같은 산업에 참여한 기업
들을 하나의 파벌로 묶어준다는 의미이다. 예를 들어, 기준 숫자를 2로 한다
는 것은 기업 A와 기업 B가 두 개 이상 같은 산업에 참여했을 경우 이 두

---

52) 본 분석을 위해 사용한 통계패키지는 UCINET5 for Windows를 사용하였다.

기업이 연결되어 있는 것으로 판단하여, 셀의 값이 2이상인 경우는 1로 바꿔주고 나머지는 모두 0으로 변환시킨다.[53]

 기업의 공동참여연결망을 이와 같은 방법으로 분석해보면, 먼저 기준숫자를 1로 했을 때 전체적으로 발견된 파벌은 223개다. 이는 디지털컨텐츠기업이 여러 컨텐츠산업에 분산되어 참가하고 있음을 의미한다. 이는 전체 디지털컨텐츠 기업 중 반수 이상인 58.3% 기업들이 1개 컨텐츠산업에 참여하고 있는 것에서도 알 수 있는 사실이다. 즉, 디지털컨텐츠기업은 어떤 중심적인 한 분야에 몰려 있는 것이 아니라 각자 다양한 산업부문에 흩어져서 참여하고 있다는 것을 알 수 있다. 이러한 밀도가 낮은(sparse) 223개의 연결망을 분석하여, 어떤 유형을 파악하기는 현실적으로 불가능하다. 따라서 기준숫자를 점차 높여 나가면서 어떤 파벌이 발견되는지를 분석하는 것이 필요하다. 먼저 기준 숫자를 2로 했을 때 발견된 파벌은 31개이다. 디지털컨텐츠기업들은 어떤 한 업체가 중심에 있고 그 주위에 다양한 기업이 모여 있다기보다는 다양한 국지적 중심(local center)으로 분산되어 하위집단이 형성한다는 것이다. 기준 숫자를 3으로 했을 때 형성되어 있는 파벌은 19개이며, 기준 숫자를 4로 했을 경우는 13개의 파벌이 발견되고, 기준숫자를 5로 하면 10개의 파벌이 나타난다. 기준 숫자를 6으로 하면 5개의 파벌이 만들어지고, 기준숫자를 7로 하면 4개의 파벌이, 기준숫자를 8로 하면 1개의 파벌이 발견된다. 이것을 표로 제시하면 <표 4-10>과 같다.

<표 4-10> 참여컨텐츠산업 수별 나타난 파벌 수

기준숫자 단위: 참여컨텐츠산업 수	1	2	3	4	5	6	7	8
파벌의 수	223	31	19	13	10	5	4	1

---

53) UCINET에서는 'dichotonomize'란 command를 사용해서 분석한다. 즉, transform > dichotomize에서 cut-value를 2로 적어주면 되는 것이다.

이러한 파벌이 나타나는 경향을 잘 관찰하면, 기준숫자를 3으로 했을 때 발견되는 파벌이 가장 유용한 하부집단의 형성을 말해 준다고 할 수 있다. 왜냐하면 전체 기업들의 참여 컨텐츠 산업수가 3개 이하인 경우가 전체 기업의 90%를 차지하고 있기 때문이다. 아래 표는 기준숫자를 3으로 했을 때 발견된 19개의 파벌에 속한 기업들의 목록이다.

<표 4-11> 디지털컨텐츠시장의 파벌별 소속 기업

1: 굳앳티비(8)* 기독교인터넷방송(9) 드림라인(36) 아빛컨텐츠(91) 온세통신(128) 월드팀스넷(136) 캐스트뱅그(181) 코리아컨텐츠네트워크(185) 한국통신하이텔(218)

2: 기독교인터넷방송(9) 드림라인(36) 마이플랜(53) 아빛컨텐츠(91) 온세통신(128) 월드팀스넷(136) 코리아컨텐츠네트워크(185) 한국통신하이텔(218)

3: 기독교인터넷방송(9) 뉴스와 정보(23) 드림라인(36) 마이플랜(53) 아빛컨텐츠(91) 온세통신(128) 코리아컨텐츠네트워크(185) 한국통신하이텔(218)

4: 깨비마을(12) 드림라인(36) 아빛컨텐츠(91) 온세통신(128) 코리아컨텐츠네트워크(185) 한국통신하이텔(218)

5: 굳앳티비(8) 나스텍(17) 드림라인(36) 아빛컨텐츠(91) 온세통신(128) 월드팀스텟(136) 캐스트뱅크(181) 코리아컨텐츠네트워크(185) 한국통신하이텔(218)

6: 네오위즈(19) 드림라인(36) 마이플랜(53) 아빛컨텐츠(91) 온세통신(128) 한국통신하이텔(218)

7: 나라디지컴(16) 드림라인(36) 95 온세통신(128) 한국통신하이텔(218)

8: 굳앳티비(8) 나스텍(17) 다물닷컴(24) 드림라인(36) 온세통신(128) 136 한국통신하이텔(218)

9: 드림라인(36) 스포컴(81) 온세통신(128) 월드팀스넷(136) 한국통신하이텔(218)

10: 굳앳티비(8) 나스텍(17) 드림라인(36) 온세통신(128) 월드팀스넷(136)추억담기(174) 한국통신하이텔(218)

11: 드림라인(36) 리치엔조이(51) 한국통신하이텔(218)

12: 뉴스와정보(23) 드림라인(36) 아빛컨텐츠(91) 한국통신하이텔(218) TVnetcommunivation(242)

13: 드림라인(36) 아빛컨텐츠(91) 캐스트뱅크(181) 한국통신하이텔(218)
    TVnetcommunivation(242)
14: 드림라인(36) 디엔디엠(41) 아빛컨텐츠(91) 캐스트뱅크(181)
    TVnetcommunivation(242)
15: 드림라인(36) 아빛컨텐츠(91) 엔터채널(118)
    코리아컨텐츠네트워크(185)
16: 드림라인(36) 요요티비(132)
17: 드림라인(36) 위즈탓컴(139)
18: 드림라인(36) 월드팀스넷(136) 춘천지역인터넷방송운영협의회(176)
    코리아컨텐츠네트워크(185)
19: 드림라인(36) 캐릭터파트(179) 코리아컨텐츠네트워크(185)
 * ( )안의 숫자는 개별 기업들에게 부여한 고유한 번호임.
 * 굿앳티비는 2002년 현재 교육온라인 사이트 www.welearning.co.kr로 개
   편되었음.
 * 드림라인의 경우 2002년 4월 1일자로 하나포스로 사명을 변경하였음.

　각 파벌이 갖고 있는 특성을 보면, 기업규모가 상대적으로 크고 기업연
령이 높은 오래된 기업이 디지털컨텐츠기업의 개별 파벌을 중심을 차지하
며(예를 들어 한국통신하이텔이 각 파벌에 포함되어 있음), 그 주위로 상
대적으로 작은 규모의 기업들이 모여 연관관계를 맺고 있다는 점을 알 수
있다. 또한 인터넷으로 네트워크 기반이 변화하면서 기업 규모가 큰 망사
업자(network firm)(예를 들어 드림라인, 온세통신 등)가 파벌의 중심을
차지하고 그 주위로 소규모 컨텐츠제작업자들이 모여 있는 양상을 보이기
도 한다.
　파벌분석을 통해 우리는 3개 이상의 컨텐츠산업에 참여하고 있는 디지털
컨텐츠기업은 몇 개의 중심적인 기업이 여러 파벌에 포함되는 양상을 보인
다는 점, 따라서 이들 기업을 중심으로 한 여러 컨텐츠산업 부문에의 참여는
기업 간 제휴 가능성을 증대시킬 수 있다는 사실을 알 수 있다. 물론 이러한
파벌 분석만으로는 각 개별기업들의 시장에서의 위치를 총체적으로 파악할
수 없다. 이는 시장에서 다른 기업과 연결되어 있는 것과 전체 시장에서 구

조적 위치와는 차이가 있기 때문이다. 즉, 파벌분석은 연결의 유무를 통해
하부집단을 판명하는 것이며, 시장에서의 구조적 위치의 유사성을 판명하는
것은 아니다. 파벌분석의 대상이 된 디지털컨텐츠기업은 3개 이상의 컨텐츠
산업군에 참여했을 경우 서로 연결되어 있는 것으로 판단된다. 다음에서는
파벌분석을 좀 더 확장한 연결망 전체의 구조적 모습을 파악할 수 있는 구
조적 등위성 분석을 통해 시장구조의 특성을 나타낼 것이다.

3) 구조적 등위성(等位性) 분석
(structural equivalence analysis)

연결망의 구조적 특성을 설명할 때 사회적 위치(position)와 역할(role)
개념이 사용된다(Wassewman & Faust, 1994). 사회적 위치와 역할 개념
은 행위자의 구조적 유사성(structural similarity)과 관계유형(pattern of
relation)으로 분석할 수 있는데 이러한 연결망의 구조적 유사성과 관계유
형을 파악하기 위한 분석기법이 '구조적 등위성 분석'이다. 이 분석은 행
위자들의 관계맺음을 통해 행위자들이 구조적으로 동일한 위치에 놓여지
게 되면 (position) 행위자의 행위전략(role)이 유사해지며, 이러한 유사한
행위전략은 다시 구조에 영향을 미치는 상호작용 과정을 보여준다.

그렇다면 '기업들이 시장구조에서 동등한 위치에 있다'는 의미는 무엇일
까? 디지털컨텐츠기업 A사와 B사의 위치가 등위적이라는 것은 그 시장에
서 두 기업이 비슷한 역할(role)을 한다는 것이다. 구조적 등위성 분석이
역할 구조(role structure)를 분석한다는 점에서는 파벌분석과 유사하다.
그러나 파벌분석이 연결의 유무를 통해 하부집단을 판별하는 데 그치는
반면, 구조적 등위성 분석은 개별 행위자가 맺는 연결망의 구조적 특성을
바탕으로 두 행위자들의 속성을 분류한다. 예를 들어 게임소프트웨어를 생
산하는 벤처기업 A사와 B사가 동일한 구매자와 거래관계를 맺고 있다면
이들 두 기업은 전체 시장구조에서 같은 위치에 속해 있다고 볼 수 있으
며, 이들 두 기업 간 경쟁은 치열할 수밖에 없다. 그렇지만 이들 두 기업

은 동시에 협력관계를 맺을 수도 있다. 이는 시장상황과 연관된 기술적 필요에 의해, 혹은 기업의 전략적 선택에 의해 나타날 수 있다. 정보기술기업들이 경쟁하는 많은 영역에서 어제의 협력관계자가 오늘의 대립 관계로 변화하는 현상은 비일비재하다. 따라서 개별 기업들 혹은 특정 기업군들이 구조적으로 비슷한 위치에 있다는 것은 기업 간 관계가 경쟁적일 수도, 혹은 협조관계 일수도 있음을 의미한다. 따라서 구조적 등위성 이라는 판단과, 이를 바탕으로 기업들이 어떤 경제적 행위를 하는지 그 행위의 내용에 대한 판단은 연구자가 내린다고 할 수 있다. 즉, 자료에 근거한 구체적 해석이 필요하다.

구조적 등위성(structural equivalence) 개념은 버트(R Burt)에 따르면, '같은 관계를 통해 같은 행위자들에게로 연계되어 있는 일군의 행위자들'(Burt, 1976; 장덕진, 2000)을 의미한다. 그렇다면 구조적 등위성은 어떻게 계산되는 것일까? 이론적으로 두 행위자가 구조적으로 등위적인 위치에 있다는 것은 두 행위자가 완전히 같은 유형의 연결망을 갖는다는 의미이다. 그러나 현실에서 이와 같이 완벽하게 등위적인 연결망을 만들기는 불가능하기 때문에 구조적 등위성을 연속변수로 파악한다. 다시 말하면 두 행위자의 연결 정도가 얼마나 유사한가라는 '유사성 정도'를 측정하는 것으로 구조적 등위성을 사용한다. 유사성 정도는 '유클리드 거리'(euclidian distance)를 사용해 측정한다. 버트가 발전시킨 이 계산법은 행위자들 간 관계를 거리로 표현하는 것으로, 만일 행위자 i와 행위자 k와 연결되어 있고, 행위자 j가 행위자 k와 연결되어 있다면, 행위자 i와 행위자 j는 구조적으로 등위에 있다고 표현하며 유클리드 거리는 0으로 표시된다. 또한 행위자 i와 행위자 k와 연결되어 있고, 행위자 j가 행위자 k와 연결되어 있지 않다면 이 때 유클리드 거리는 1로 표시된다. 즉, 구조적으로 등위에 있을수록 행위자들의 연결을 통한 유클리드 거리는 적게 나타나고 그 반대의 경우 유클리드 값은 크게 나타난다. 구조적 등위성 분석에서 각 쌍의 거리는 모두 계산되어지며, gXg 매트릭스에서 최대한 가능한 유클리드 거리 값은 $\{2(g-2)\}1/2$이다. 유클리드 계산식은 다음과 같다.

$$d_{ij} = [\sum_{k=1}^{g} ((x_{ik} - x_{jk})^2 + (x_{ki} - x_{kj})^2)]^{1/2}, \ i \neq k, j \neq k$$

디지털컨텐츠기업의 기업연결망은 value data이므로 이를 二價的 data(dichotomized data)로 변환시켜야 한다. 이를 위해 본 연구에서는 각 셀의 평균값(cut value=0.4486)을 기준으로 각 셀 값이 전체 평균보다 높으면 1로 그렇지 않으면 0으로 만든 이가적 행렬로 전환시킨 다음, 이 연결망의 행위자 쌍들 간의 유클리드 거리를 계산하는 방법을 통해 디지털컨텐츠기업의 구조적 등위성을 계산하였다. 구조적 등위성에 따른 하위시장을 판별하기 위해 사용한 방법은 PROFILE이다.[54] 이 방법을 사용하여 기업연결망을 중심으로 분석한 디지털컨텐츠 시장의 기업관계는 <그림 4-5>와 같이 5개의 하위시장으로 분절(fragmented)되어 있는 것으로 나타난다. 각 하위 부문에 속한 기업들의 목록은 <부표 5>에 나와 있다.

---

54) Wassreman & Faust에 따르면 구조적 등위 성을 계산하는 방법은 다음과 같은 것이 있다. 먼저 PROFILE을 이용하는 것으로, 이는 연계행렬(adjacency matrix)에서 행위자의 row vector이다. 모든 가능한 쌍들과 이 벡터 값을 비교하는 것으로 profile similarity를 보여주는 것이다. similarity를 측정하는 것으로는 Euclidean distance, Pearson correlation 등이 있다. 구조적으로 유사한 위치에 있는 행위자들을 좌표평면상에 가깝게 위치시킨다. 또 다른 방식으로 CONCOR(CCONvergence of iterated CORrelations)를 이용할 수 있는데, CONCOR 역시 연결망 상의 조직들의 위치를 판별하기 위한 방법으로, 조직들을 i행과 j열에 따라 범주내의 조직들 간의 상관관계는 +1로, 범주간의 상관관계는 -1이 되도록 범주들을 세분화시키는 방법이다. 즉, 앞서의 방법이 유클리드 거리를 계산하여 각 행위자들 간의 구조적 위치를 판별하였다면, CONCOR는 상관계수(correlation)를 이용하여 범주를 구분 짓고자 하는 것이다. 범주의 구분은 처음에는 두 개의 블록으로 나누고, 그리고 각각의 블록을 다시 두 개의 하위블록으로 나누는 방법을 반복하여 가장 동질적인 세분화된 범주가 나타날 때까지 계속한다.(UCINET for Wiondows online help, Wassreman & Faust, 1994; 권태환·이재열, 1998)

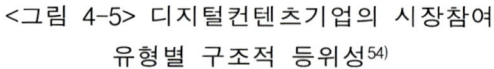

<그림 4-5> 디지털컨텐츠기업의 시장참여
유형별 구조적 등위성[54]

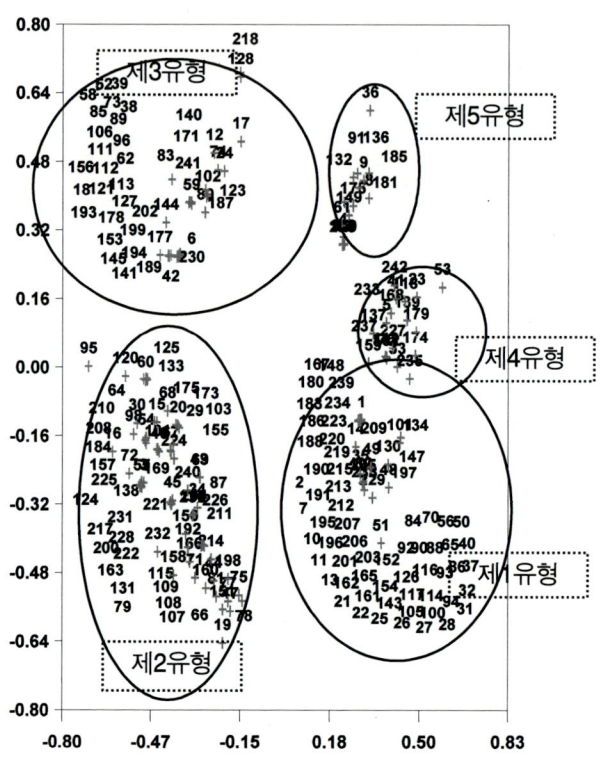

<그림 4-5>에서 유형4는 유형1과 거리의 근접성을 보이며, 유형5는 유형 3과 상대적으로 가까운 거리에 있다. 특히 유형 4와 유형5의 시장은 다른 하위 시장에 비해 소수의 기업들이 참여하는 하위시장을 형성하고 있다. 따라서 먼저 각 유형의 속성을 검토한 다음, 기업전략을 다루는 부문(5장)에서 하위시장 유형을 보다 구체적으로 검토하도록 하겠다.

───────────────

55) 242개 기업들 간의 구조적 등위성을 제한된 공간에 표시하기에 어려운 점이 있었다. 더욱이 한 점에 집중되어 기업들이 몰려 있는 경우 일일이 그 기업의 고유 번호가 드러날 수 있도록 모여진 점들을 평면상에 보이게 열거했다.

먼저, 디지털컨텐츠기업 하위시장이 보이는 특성을 시장 유형별로 살펴보자. 하위시장별 시장진입시기의 차이는 크지 않다(<그림 4-6> 참조). 다섯 개 유형은 시장진입 시기 분포에서 거의 유사하며, 전체 기업의 시장진입 시기 분포와도 유사하다.

<그림 4-6> 시장유형별 시장진입시기(설립연도)

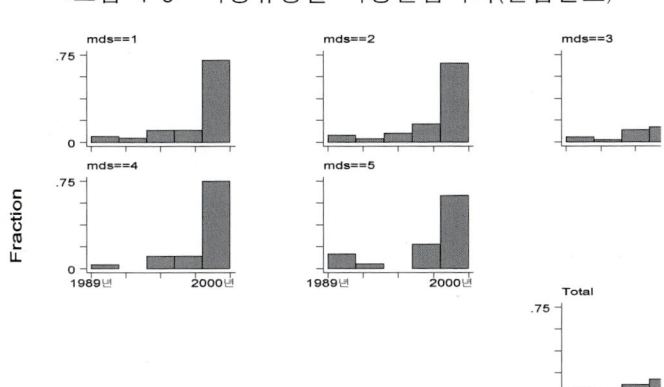

하위시장 유형별 포괄하고 있는 기업 수는 다음 <표 4-12>과 같다. 유형1에 상대적으로 많은 기업이 분포되어 있으며, 유형4와 유형5의 시장에서는 상대적으로 적은 기업이 경제행위를 하고 있는 것을 알 수 있다.

<표 4-12> 하위시장 유형별 기업 수

시장유형별	기업수.	Percent
유형 1	78	32.23
유형 2	65	26.86
유형 3	47	19.42
유형 4	28	11.57
유형 5	24	9.92
Total	242	100.00

자본금 규모를 통해 살펴본 시장규모는 유형3이 가장 크며 유형1이 상대적으로 영세한 규모를 나타내고 있다(다음 페이지 <그림 4-7> 참조). 유형2와 유형4, 유형5는 비슷한 시장규모를 보이고 있다.

<그림 4-7> 시장유형별 시장규모[55]

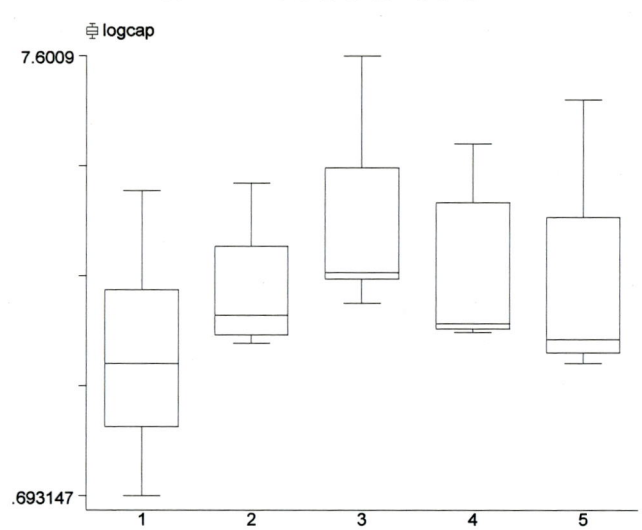

* X축의 번호는 각 시장유형을 표시하고 있는데, 1은 유형1, 2는 유형2, 3은 유형3, 4는 유형 4, 5는 유형5를 의미함. Y축은 자본금을 로그 전환한 값임.

그렇다면 하위시장 유형별로 어느 유형의 시장이 경쟁강도가 높게 나타날까? 앞서 디지털컨텐츠산업 전체의 시장경쟁 밀도를 파악할 때 사용한 것은 시장에 참여한 기업 수와 시장의 수용능력이라는 두 가지 축이었다. 마찬가지로 디지털컨텐츠기업의 하위시장 유형별로도 유형별로 분포되어 있는 기업 수와 시장 유형별 수용능력[57] 자료를 통해 살필 수 있다. 이러

---

56) 시장규모는 자본금을 대수전환한 것임.
57) 시장 수용능력은 매출액으로 나타냈다.

한 시장 유형별 시장 경쟁의 정도를 그래프로 보여주는 것이 <그림 4-8>이다.

<그림 4-8> 하위시장 유형별 경쟁의 강도

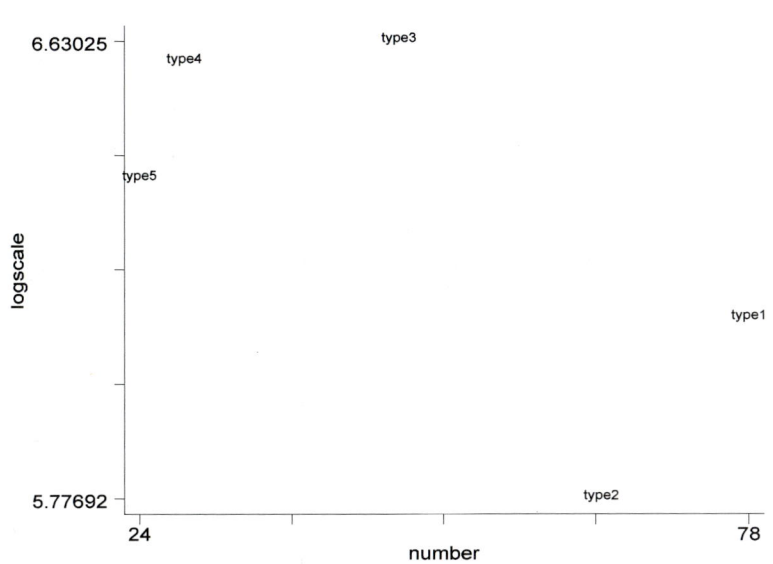

* X축은 시장에 분포한 기업의 수를, Y축은 매출액을 나타낸 것임.

<그림 4-8>에서 확인할 수 있는 것은 유형1과 유형2 시장이 상대적으로 경쟁강도가 높은 것을 알 수 있다. 유형4와 유형5는 상대적으로 약한 경쟁강도를 보이며, 유형3은 시장의 수용능력도 크며 시장에 참여한 기업 수도 많아 다른 시장 유형과는 차이를 보인다. 이처럼 디지털컨텐츠기업들은 하위시장 별로 상이한 경쟁의 정도를 보이고 있다. 그렇다면 디지털컨텐츠기업은 각기 다른 경쟁강도를 가진 시장에서 자신들의 경제적 성과를 어떻게 달성하고 있는가?

디지털컨텐츠 기업은 컨텐츠를 서비스하는 경제행위자이다. 다시 말해 이들 기업에겐 디지털컨텐츠가 상품(product)인 것이다. 그러나 이미 우리

가 앞서 살펴본 것처럼 전체 매출에서 컨텐츠부문 매출이 차지하는 비중이 모든 기업에서 낮은 것을 알 수 있었다. 한편, 전반적으로 컨텐츠부문 매출이 낮게 나타나는 가운데 하위시장 유형별로 컨텐츠 매출이 전체 매출에서 차지하는 비율 정도는 조금씩 다르게 나타나고 있다. 유형2의 경우 컨텐츠부문 매출이 차지하는 비율이 32%로 가장 높게 나타났으며, 그 다음은 유형3이 13%정도로 나타났다. 이러한 현황은 현재의 디지털컨텐츠시장 환경이 컨텐츠만을 상품으로 취급해서는 수익성이 약하다는 사실을 간접적으로 시사한다고 하겠다. 그렇다면 이러한 취약한 수익구조 하에서 디지털컨텐츠 하위시장 유형별로 자본금과 매출과는 어떤 관계가 나타나는지 살펴보자. 매출액은 자본금 규모가 클수록 커지는 것이 일반적인 현상이다. <그림 4-9>는 디지털컨텐츠 하위시장 유형별 자본금과 매출액의 관계를 비교한 것이다. 디지털컨텐츠시장의 자본금 규모와 매출액 크기는 전반적으로 선형적 관계를 보이고 있음을 알 수 있다. 즉, 전체 디지털컨텐츠시장(<그림 4-9>에서 total로 표시된 그래프)은 자본금이 커질수록 매출액도 커지는 일반적 경향을 보이고 있으며, 이 선형성은 유형1과 유형 3,4에서 모두 발견된다. 그러나 전체 매출 중 컨텐츠매출이 차지하는 비중이 상대적으로 큰 유형2에서는 자본금과 매출액 간 별다른 관련이 없는 것처럼 나타난다.

 이러한 차이는 하위시장별 시장전략의 상이함이나 시장의 구조적 위치 차이에서 비롯될 수 있다. 하위시장의 분절적 구조와 시장전략에 대해서는 5장에서 구체적으로 살펴볼 것이다.

<그림 4-9> 시장유형별 자본금과 매출액의 비교[57]*

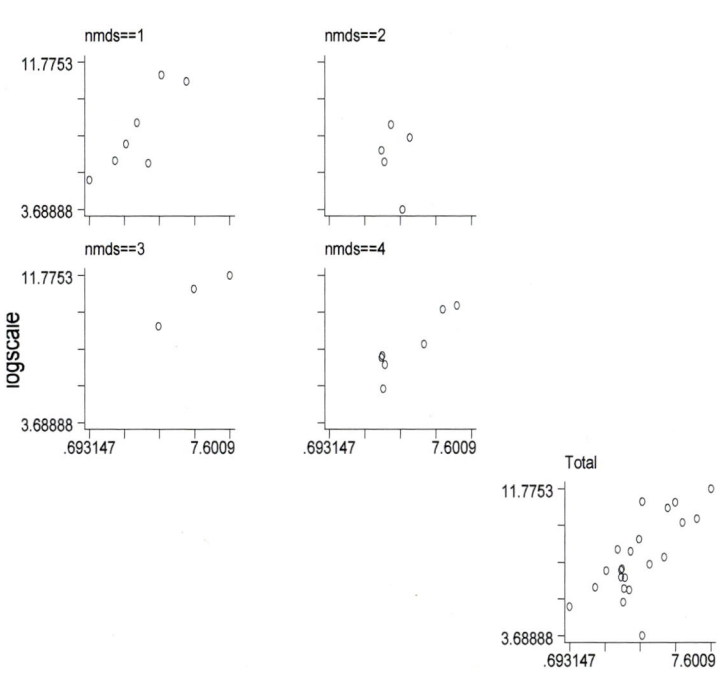

logcap
Graphs by nmds

2. 시장의 산업간 구조: '산업 X 산업' 공동참여연결망

1) 컨텐츠산업 공동참여연결망의 중심성(Centrality)

디지털컨텐츠산업의 컨텐츠산업 부문은 17개이다. 이 17개 컨텐츠산업
간 부문은 1 음악컨텐츠산업, 2 영화컨텐츠산업, 3 출판컨텐츠산업, 4 스
포츠컨텐츠산업, 5 뉴스컨텐츠산업, 6 교육컨텐츠산업, 7 게임컨텐츠산업,

---

58) 자본금과 매출액 값은 변량이 크기 때문에 로그값을 취했음.

8 금융/증권컨텐츠산업, 9 가정생활컨텐츠산업, 10 법률컨텐츠산업, 11 의료컨텐츠산업, 12 부동산컨텐츠산업, 13 날씨컨텐츠산업, 14 레저컨텐츠산업, 15 만화컨텐츠산업, 16 취업정보컨텐츠산업, 17 기타컨텐츠산업으로 구분된다. 이 컨텐츠산업간 소속행렬은 다음 <표 4-13>와 같다.

<표 4-13> 컨텐츠산업 간 소속행렬[58)

	1	2	3	4	5	6	7	8	9	10	11	12	13	14	15	16	17
1	31	19	5	8	9	12	12	6	3	3	4	3	5	11	9	4	17
2	19	38	6	7	9	13	16	6	4	3	4	3	5	7	12	4	19
3	5	6	12	2	4	8	4	2	2	3	2	2	2	3	4	2	5
4	8	7	2	20	7	10	10	3	3	2	3	4	5	10	4	3	9
5	9	9	4	7	27	7	8	6	4	3	3	4	5	6	8	4	15
6	12	13	8	10	7	69	16	4	3	3	6	4	5	7	8	3	23
7	12	16	4	10	8	16	38	5	3	4	5	4	6	8	12	4	16
8	6	6	2	3	6	4	5	23	3	4	5	7	4	3	6	6	3
9	3	4	2	3	4	3	3	3	8	2	3	3	3	4	3	3	4
10	3	3	3	2	3	3	4	4	2	7	3	4	2	2	4	3	3
11	4	4	2	3	3	6	5	5	3	3	12	5	3	3	4	6	3
12	3	3	2	4	4	4	4	7	3	4	5	13	3	3	4	6	3
13	5	5	2	5	5	5	6	4	3	2	3	3	8	5	5	4	3
14	11	7	3	10	6	7	8	3	4	2	3	3	5	23	4	3	12
15	9	12	4	4	8	8	12	6	3	4	4	4	5	4	25	5	10
16	4	4	2	3	4	3	4	6	3	3	6	6	4	3	5	14	2
17	17	19	5	9	15	23	16	3	4	3	3	3	3	12	10	2	120

---

59) 각 번호는 컨텐츠산업 분류에서 말한 순서대로의 컨텐츠산업을 의미한다.

먼저 17개 컨텐츠 산업 중 어느 산업의 중심성(centrality)이 가장 높은지를 분석해보자. 중심성이란 연결망의 centrality 개념[60]을 사용할 수 있다. 산업간 소속행렬은 방향성이 없는 좌우대칭의 연결망이기 때문에 degree centrality를 비교하면 된다. 많은 기업이 중복해서 참여하고 있는 산업의 경우 중심성 값이 높게 나타나며, 이 때 중심성 값이 높은 컨텐츠산업은 전체 산업에서 중요한 위치를 차지하는 산업으로 볼 수 있다. <표 4-14>는 컨텐츠 산업별 중심성 정도를 보여준다.[61] <표 4-14>에서 normalized

---

[60] 연결망의 중심성 혹은 중앙성을 의미하는 centrality 개념은 몇 가지로 나눠져 있다. 즉, betweenness centality, closeness centrality, dgree centrality 등이 있는데, betweenness centrality는 매개 중심 성으로 연결망에서 broker의 역할을 찾는 개념이다. 즉, 조직이나 연결망에서 서로 다른 조직들을 매개하는 역할에서 누가 중심적인가를 밝히는 것이다. closeness centrality는 근접적 중심 성을 의미하는 것으로 주로 커뮤니케이션 연결망에서 정보가 얼마나 신속하게 전달되는지를 파악할 때 유용하게 쓰이는 중심성이다. 즉, 어떤 신속성을 요하는 정보가 있을 때 이 정보가 다른 행위자에게 전달되기 위한 가장 짧은 커뮤니케이션 경로를 갖고 있는 행위자의 근접성 중심성이 높은 것으로 판단하는데, 이러한 중심적인 node를 'minimum steps'으로 부르기도 한다. degree centrality는 방향성을 있는 연결망(directed network)의 경우 in-dgree centrality와 out-dgree centrality로 구분되어 사용되며, 방향성이 없는 연결망(indirected network)에서는 degree centrality로 불린다. in-degree centrality와 out-degree centrality는 각각 수신중심성과 발신중심 성으로 번역할 수 있는데, 예를 들어 기업들 간 관계에서 하청을 받는 입장인지, 혹은 하청을 주는 입장인지에 따라 수신중심성과 발신 중심 성으로 구분할 수 있으며, 개인들 간의 조언 연결망(advice network)에서는 조언을 받는 입장인지 혹은 조언을 주는 입장인지에 따라 구분되는 관계망이다. 그러나 산업간 공동 참여연결망의 경우 기업들이 그 산업에 얼마나 중복적으로 참여하느냐에 따라 만들어진 연결망이므로 방향성이 없으며 대각선을 중심으로 상호대칭적인 연결망이다. 따라서 이 때 degree centrality는 다음과 같이 계산된다.

$$C_d(n_i) = d(n_i) = \sum_j x_{ij} = d(n_i)/g-1$$

이는 g 크기의 연결망에서 행위자 i에 인접한 연결을 전체 가능한 연결망 수로 나눈 것이다. (확인)

[61] 중심성 분석을 위해 affiliation network를 dichotomized network로 전환시켰는데, 이때 전체 셀의 평균을 이용해 평균이상인 것은 1, 평균 이하인 경우는 0으로 치환하였다.

degree(NrmDegree)라고 표시된 것은 i행위자와 연결된 총수를 전체 네트
워크에서 연결 가능한 수로 나눈 다음 백분율로 계산한 것이다. 전체 네트워
크의 중심성은 연결망 상호 활동성 정도를 나타내주는 지표로 전체 연결망
중심성은 32.5%로 컨텐츠산업간 활동성 정도가 그다지 높지 않음을 알 수 있
다. 이는 컨텐츠산업간 기업의 중복적 참여가 그다지 높지 않다는 의미이다.

<표 4-14> 컨텐츠 산업 연결망 중심성
(FREEMAN'S DEGREE CENTRALITY MEASURES)

	Degree	NrmDegree		Degree	NrmDegree
1 음 악	9.00	56.25	10 법 률	0.00	0.00
2 영 화	10.00	62.50	11 의 료	2.00	12.50
3 출 판	2.00	12.50	12 부동산	2.00	12.50
4 스포츠	7.00	43.75	13 날 씨	1.00	6.25
5 뉴 스	9.00	56.25	14 레 저	7.00	43.75
6 교 육	10.00	62.50	15 만 화	7.00	43.75
7 게 임	9.00	56.25	16 취 업	3.00	18.75
8 증 권	6.00	37.50	17 기 타	8.00	50.00
9 가 정	0.00	0.00			

DESCRIPTIVE STATISTICS

	Degree	NrmDegree
1 Mean	5.41	33.82
2 Std Dev	3.55	22.18
3 Sum	92.00	575.00
4 Variance	12.60	492.00
5 SSQ	712.00	27812.50
6 MCSSQ	214.12	8363.97
7 Euc Norm	26.68	166.77
8 Minimum	0.00	0.00
9 Maximum	10.00	62.50

Network Centralization = 32.50%

컨텐츠산업별로 보면 교육컨텐츠산업과 영화컨텐츠산업이 전체 컨텐츠 산업에서 중심역할을 하고 있음을 알 수 있으며, 음악컨텐츠산업, 뉴스컨 텐츠산업과 게임컨텐츠산업도 다른 산업보다는 컨텐츠산업에서 중심적인 역할을 수행하고 있음을 알 수 있다. 전체 컨텐츠산업에서 중심적인 산업 의 특성 중 하나는 다른 컨텐츠 산업에 비해 컨텐츠 유료화 정책이 상대 적으로 초기에 도입되었다는 점이다. 현재 영화컨텐츠관련 산업은 초고속 통신망 가입자가 증대하고 그 결과 빠른 속도로 큰 용량의 파일을 다운로 드할 수 있는 가정 내 통신환경이 급속히 좋아지면서 컨텐츠 소비가 활성 화된 부문이다. 또한 한 달에 일정 금액을 내는 정액제 회원수의 증대는 영화컨텐츠산업의 수익성에 주요한 기여를 한 것으로 보인다. 교육컨텐츠 산업은 학습지 시장이 온라인으로 진출하면서 오프라인 시장과 마찬가지 로 치열한 경쟁이 나타나고 있다. 앞서 말한 것처럼 경쟁이 치열하다는 것 은 그 만큼 많은 기업들이 참여하고 있음을 의미하며, 이는 시장 전체의 수용능력이 크다는 것을 뜻하기도 한다.

2) 컨텐츠산업의 파벌 분석

디지털컨텐츠 산업연결망에서는 몇 개의 파벌이 발견되는지를 분석해 보 자. 파벌분석의 기준을 전체 연결망의 평균 연결 기업수로 하여 소속행렬의 각 셀의 숫자가 전체 연결망 평균 이상일 경우 1, 그 이하일 경우 0으로 했 을 때 발견된 파벌은 5개이다(<표 4-15> 참조).

컨텐츠산업 연결망에서 발견된 5개의 파벌에 영화컨텐츠산업과 음악컨 텐츠산업이 대부분 포함되어 있는 것으로 보아 이들 두 컨텐츠산업에 중 복적 참여하는 디지털컨텐츠기업이 많은 것을 알 수 있다. 이러한 현상은 음악컨텐츠산업과 영화컨텐츠산업이라는 두 컨텐츠산업의 시너지 효과 때 문일 수 있다. 즉, 음악컨텐츠소비자의 성향과 영화컨텐츠소비자의 성향이 유사하기 때문에 이들 두 시장에 동시에 참여하는 것이 효과적일 수 있다. 또한 이들이 현재 디지털컨텐츠산업에서 수익을 낼 수 있는 주력시장이기

134

때문이기도 하다. 그렇다면 동일한 파벌에 포함된 컨텐츠산업은 구조적으로 유사한 위치를 차지하고 있는지에 대해 알아보자.

<표 4-15> 컨텐츠산업의 파벌들

파벌	포함되는 컨텐츠산업들
1:	영화산업, 음악산업, 스포츠산업, 뉴스정보산업, 교육산업, 게임산업, 레저산업, 기타
2:	영화산업, 음악산업, 뉴스정보산업, 교육산업, 게임산업, 만화산업, 기타
3:	음악산업, 영화산업, 뉴스정보산업, 금융증권산업, 만화산업
4:	영화산업, 출판산업(ebook), 교육산업
5:	금융증권산업, 부동산산업, 취업정보산업

3) 컨텐츠산업의 구조적 등위성 분석

17개 디지털컨텐츠산업의 시장구조 유사성이 어떻게 나타나는지를 분석해 보자. 먼저, 구조적 등위성 분석을 이용하여 전체 산업이 몇 개의 하위부문으로 나눠지는지를 살펴본 것이 <표 4-16>[62]이다.

분석 결과, 전체 17개 산업은 4개의 하위시장으로 나눠져 있는 것을 알 수 있다. 제1시장은 1 음악컨텐츠산업, 2 영화컨텐츠산업, 3 출판컨텐츠산업, 4 스포츠산업, 5 뉴스컨텐츠산업 6 교육컨텐츠산업, 7 게임컨텐츠산업, 14 레저컨텐츠산업, 15 만화컨텐츠산업, 17 기타컨텐츠산업으로 구성된다. 그 다음으로 발견되는 제2시장은 8 금융증권컨텐츠산업, 12 부동산컨텐츠산업, 11 의료컨텐츠산업, 16 취업컨텐츠산업 등을 포함하고 있다. 법률컨

---

[62] 이 밀도분포도는 17개 산업들 간의 연결망을 가장 동질적인 세분화가 나타날 때까지 계속 나누는 것으로, 같은 블록에 속한다는 것은 컨텐츠산업 i와 산업j가 시장구조에서 차지하는 위상이 유사하다는 의미이다. 그런데 사실 이러한 세분화는 수학적 계산에 의해 기계적으로 산출된 것으로 그 블록에 속하는 산업의 수와 내부동질성 정도는 이론적 관점에서 판단하여야 한다.(권태환·이재열, 1998)

텐츠산업과 가정생활컨텐츠산업이 또 다른 하위시장으로 묶여 있으며, 13 날씨 컨텐츠산업 영역은 다른 컨텐츠산업과 아무런 연관관계를 갖지 않고 있다.

<표 4-16> 구조적 등위성 분석을 이용한 컨텐츠산업의 하위시장 분포

	1	2	3	4	5	6	7	14	17	15	13	8	12	16	11	10	9
1	-	1		1	1	1	1	1	1	1		1					
2	1	-	1	1	1	1	1	1	1	1		1					
3	0	1	-			1											
4	1	1	0	-	1	1	1	1	1								
5	1	1	0	1	-	1	1	1	1	1		1					
6	1	1	1	1	1	-	1	1	1	1				1			
7	1	1	0	1	1	1	-	1	1	1	1						
14	1	1	0	1	1	1	1	-									
17	1	1	0	1	1	1	1	1	-	1							
15	1	1	0	0	1	1	1	0	1	-		1					
13							1				-						
8	1	1				1				1		-	1	1			
12												1	-	1			
16												1	1	-	1		
11							1							1	-		
10																-	
9																	-

R-squared = 0.546

* 각 번호는 산업을 표시하는 것이며, 1 음악, 2 영화, 3 출판 산업, 4 스포츠산업, 5 뉴스 6 교육, 7 게임, 8 금융/증권, 9 가정, 10 법률, 11 의료, 12 부동산, 13 날씨, 14 레저 15 만화, 16 취업 17 기타 임.

이제 컨텐츠산업의 하위집단 내 밀도(density)를 통해 하위집단의 연결망이 얼마나 긴밀한지(densely) 혹은 그렇지 않은지(sparsely)를 파악해보자. 연결망 밀도는 각 하위시장 내에서 최대 가능한 관계의 수를 연결된 관계의 수로 나누어서 측정 한다[63]. 하위시장 1은 전체 10개의 산업들이

---

63) 따라서 연결망 내 행위자들이 완전 격리된 경우 density=0이며, 완전히 연결된

포함되어 있으므로 산업간 연결 가능한 최대 수는 10 X (10-1)로 90개인데, 실제 발견된 연결은 36개[64]이므로 밀도는 36/90=.40이다. 블록2는 4개의 산업이 참여하고 있으므로 연결 가능한 최대 수는 4 X (4-1) = 12개인데, 실제 발견된 연결은 4개이므로 4/12=.33이다. 이러한 결과는 하위시장 1의 산업 내 연결이 하위시장 2보다 약간 긴밀하다고 할 수 있는데, 그 차이는 그리 크지 않다. 그렇다면 하위시장 1과 하위시장 2 사이의 시장 간 연결의 밀도는 어떻게 나타날까? 하위시장 1에 속한 산업이 10개이며 하위시장 2에 속한 산업이 4개이므로 연결 가능한 최대치는 10 X 4로 40개의 연결 관계가 만들어질 수 있다. 그러나 실제로 5개의 연결 관계가 만들어졌기 때문에 하위시장 1과 하위시장 2 사이의 시장 간 밀도는 5/40=.13이다. 이러한 결과는 시장 내 밀도에 비해 시장 간 밀도가 낮다는 것으로, 하위시장 간 분절된 구조에서 상호 연결이 아주 적음을 의미하는 것이다. 즉, 하위시장 1에 포함된 컨텐츠산업과 하위시장 2에 포함된 산업간 컨텐츠제작·유통과정에 동시에 참여하는 기업이 아주 적다는 해석이 가능하다.

이러한 특성은 각 하위시장에 포함된 컨텐츠산업의 특성에서도 확인될 수 있다. 하위시장 1에 포함된 컨텐츠산업들이 오락컨텐츠의 요소를 공통분모로 하고 있다면, 하위시장 2는 상대적으로 전문정보를 특징으로 하는 컨텐츠로 구성되어 있다. 하위시장 3은 아직 시장이 활성화되어 있지 않으나 상대적으로 특정 분야에 관한 전문컨텐츠산업으로 구성되어 있으며, 하위시장 4는 다른 컨텐츠와 공통적인 요소를 전혀 갖고 있지 않은 독립적 시장이라는 해석이 가능하다. 이러한 밀도분포를 보이는 컨텐츠산업의 하부집단을 다차원척도법(MDS: Multi Dimensional Scaling)을 이용해 좌

경우 밀도는 1로 나타나 density는 0에서 1사이의 값을 가진다.

64) 컨텐츠산업간 연결망은 방향성을 갖지 않는(undirected) 연결들로 블록 내에서는 좌우 대칭인 연결망이다. 또한 대각선상에 나타난 숫자 역시 의미를 갖지 않는다. 따라서 블록 내 실제 연결된 망의 수는 대각선을 중심으로 한 쪽의 연결수 만을 고려하면 된다.

표평면상에 나타내 보자. <그림 4-10>는 컨텐츠산업간 구조적 등위성을 다차원척도로 표시한 것이다.

〈그림 4-10〉 컨텐츠산업의 구조적 등위성(다차원척도별)

Final Stress ＝0.169 after 5 iterations

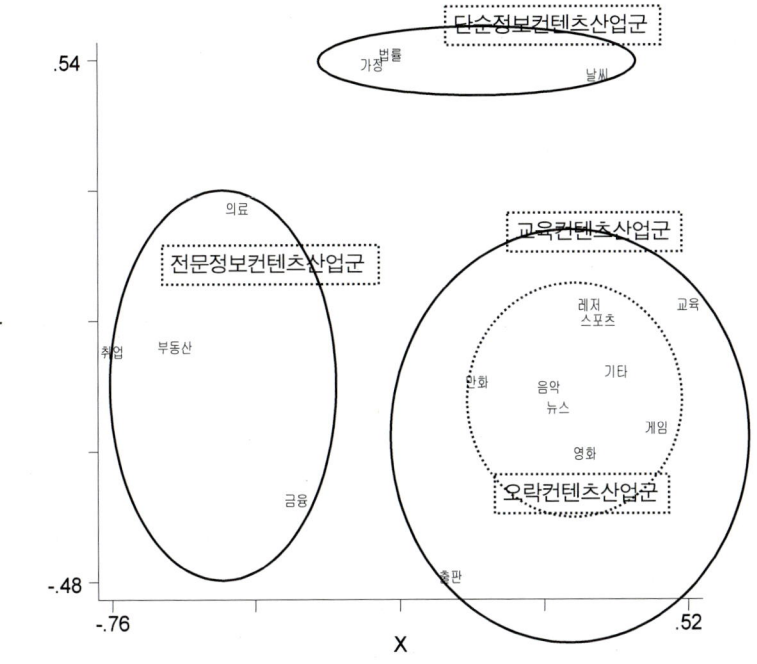

<그림 4-10>은 컨텐츠산업 연결망을 통한 산업간 시장 거리를 보여주는 것이다. 디지털컨텐츠산업은 오락·교육컨텐츠산업군, 전문정보컨텐츠산업군, 단순정보컨텐츠산업군이라는 크게 3개의 산업군으로 나눌 수 있다. 그러나 오락·교육컨텐츠 산업군은 오락컨텐츠산업군을 교육컨텐츠산업군이 외곽에서 둘러싸는 형태를 보임으로써 내부 시장거리가 보다 가까운 오락컨텐츠산업군과 교육부문과 출판부문만을 포괄하는 교육컨텐츠산

업군으로 나눌 수 있다.

각 하위시장에 포함된 컨텐츠산업을 보면, 오락컨텐츠산업군에는 음악과 뉴스컨텐츠산업, 레저컨텐츠와 스포츠컨텐츠, 영화영상컨텐츠, 만화컨텐츠와 게임컨텐츠산업이 포함되어 있으며, 교육컨텐츠산업군은 교육과 출판컨텐츠를 포괄하고 있다. 전문정보컨텐츠산업군은 금융/증권컨텐츠, 부동산컨텐츠, 취업컨텐츠, 의료컨텐츠로 구성되며, 단순정보컨텐츠산업군은 가정생활컨텐츠, 법률컨텐츠산업과 날씨컨텐츠산업을 포괄하고 있다.

제4절 소 결

지금까지 디지털컨텐츠산업의 일반적인 특성을 개괄하고, 디지털컨텐츠기업과 디지털컨텐츠산업간 공동참여연결망을 통해 기업연결망과 산업연결망의 성격을 분석했다.

먼저 디지털컨텐츠기업들의 일반적 특징을 보면, 1989년에 설립된 기업부터 2000년 설립된 기업까지 시장진입 시기에서 차이를 보였으나, 전체기업 중 60%가 1999년 이후 시장에 진입한 것으로 나타나 신생산업의 특성을 보이고 있었다. 또한 기업매출액이나 자본금, 종업원 수 등에서 기업간 많은 차이가 나타났다. 전체적으로 디지털컨텐츠기업의 컨텐츠 관련 매출 정도는 미미했는데, 전체 기업 중 컨텐츠관련 매출이 총 매출의 50%이하인 기업이 86%로 나타났다.

연결망 분석을 위해 242개 디지털컨텐츠 기업과 17개 디지털컨텐츠산업간 공동참여연결망을 구성했으며, 이 소속연결망(affiliation network)을 근거로 디지털컨텐츠시장의 기업 연결망과 산업 연결망 특성을 살펴보았다. 기업 연결망의 파벌분석을 통해 19개의 파벌을 발견했다. 이들 파벌의 특징은 기업규모가 상대적으로 크고 기업연령이 높은 몇 개의 기업이 여러 파벌의 중심을 차지하며 그 주위로 규모가 작은 기업들이 모여 있는 모습을 보였다. 또한 기업 연결망의 구조적 등위성 분석을 통해서는 5개의 하위유형을 발견했다. 이 하위유형은 특징이 뚜렷한 3개의 유형과 나머지 2개의 유형으로 나눌 수 있다.

 컨텐츠 산업을 중심으로 구조적 등위성 방법을 사용해 시장구조를 분석하면, 디지털컨텐츠시장은 컨텐츠산업별로 오락컨텐츠산업군, 교육컨텐츠산업군, 전문정보컨텐츠산업군, 단순정보 컨텐츠산업군 등 4개의 하위시장으로 분절되어 있었다. 하위시장을 구성하고 있는 컨텐츠산업을 보면, 오락컨텐츠산업군에는 음악산업, 영화산업, 스포츠산업, 뉴스관련산업, 게임산업, 레저산업, 만화산업, 기타산업들이 포함되어 있으며, 교육컨텐츠산업군에는 교육산업과 출판산업이, 전문정보컨텐츠산업군에는 금융증권컨텐츠산업, 취업관련산업, 부동산컨텐츠산업, 의료컨텐츠산업이, 단순정보컨텐츠산업군에는 날씨컨텐츠산업, 가정생활컨텐츠산업, 법률컨텐츠산업이 포함되는 것으로 나타났다. 이러한 하위시장을 구성하는 산업은 조직생태학에서 의미하는 적소가 중복되는 산업들이다. 예를 들어 오락컨텐츠산업군에 속하는 스포츠산업과 영화산업은 서로 경쟁적인 관계일 수 있다는 것이다. 그러나 시장에서 비슷한 위치를 점하고 있기 때문에 유사한 시장전략을 취할 수 있으며, 따라서 이들 산업이 서로 전략적 제휴관계를 맺을 확률도 높음을 의미한다. 컨텐츠산업군의 시장 위치를 보면 오락컨텐츠산업군이 중심적인 위치를 차지하고 있으며, 그 주위를 교육컨텐츠산업군이 포위하고 있는 형태로 나타났다.

제5장 디지털컨텐츠시장의
분절적 구조와 시장전략

　이 장에서는 디지털컨텐츠산업의 분절적 구조에 따른 시장전략의 차이를 검토하고, 이러한 시장의 분절적 구조가 시장성과에 어떤 영향을 미치는 지를 분석한다. 또한 디지털컨텐츠산업의 분절적 구조가 컨텐츠산업 발전 전략에 어떤 함의를 갖는지에 대해 검토한다.

제1절 기업연결망 하위시장
유형별 시장전략과 시장성과

　시장에서 기업의 전략적 행위는 기업이 자신의 시장위치에서 가장 효율적이고 효과적인 경제행위를 선택하는 것을 의미한다. 우리는 디지털컨텐츠기업들의 소속연결망 분석을 통해 디지털컨텐츠 시장에 참여한 기업들을 몇 개의 하위유형으로 분류할 수 있었다(4장). 여기서는 앞서의 유형분류를 좀 더 단순화시켜 디지털컨텐츠시장의 기업 간 하위시장 구조의 차별성을 부각시킬 것이다. 그런 다음 각 하위시장이 취하고 있는 시장전략을 파악하고, 그러한 하위시장에서의 시장전략의 차이가 시장성과에 어떤 영향을 미치는지를 분석한다. 이는 시장위치라는 행위관계에 의해 만들어진 구조적 특성이 다시 기업의 시장전략 선택이라는 행위에 미치는 영향과 시장성과에 미치는 영향을 보여주고자 하는 것이다.

1. 일반적 기업전략: 다각화전략과 전문화전략

조직생태학의 관점에 따르면 기업조직은 자신의 가용(可用)한 자원을 어떻게 활용할 것인가 하는 목적에 적합한 기업전략을 구사한다. 이러한 기업전략은 기업조직이 생존 가능한 시장을 찾는 과정인데, 이는 조직을 둘러싼 환경(시장구조)과의 적합성을 유지함으로써 조직 경쟁력이 강화되기도 한다. 그렇다면 이러한 기업전략은 어떻게 구분할 수 있는가? 일반적인 기업전략은 기업을 둘러싼 환경의 수용능력과 환경의 변동가능성이라는 외적요인과 조직연령, 조직규모, 시장진입 시기 등 조직 내적 요인을 기준으로 <표 5-1>과 같이 분류할 수 있다.

<표 5-1> 기업특성과 시장참여양상에 따른 기업전략

시장참여양상 / 시장진입시기	전문화(specialisn)	다각화(generalism)
초기 진입	선발 전문화	선발 다각화
후기 진입	후발 전문화	후발 다각화

기업전략은 기업이 시장에 어떤 방식으로 참여하는지, 그리고 어느 시기에 시장에 진입했는지를 기준으로 선발 전문화전략, 선발 다각화 전략, 후발 전문화 전략, 후발 다각화 전략 등 네 가지로 구분된다. 조직생태학이론에서는 조직을 둘러싼 환경의 수용능력(available capacity)이 높을 경우 다각화 전략이 유리하며, 환경 변동성이 높을 경우 후발 전략보다 시장을 선점하는 선발 전략이 유리하다고 본다.

디지털컨텐츠산업의 경우 환경변동성이 높기 때문에 시장을 선점하는 전략이 유리할 수도 있다. 문제는 단순히 기업연령이 오래 되었다고 시장을 선점하는 전략을 취한다고 판단하기가 어렵다. 왜냐하면 디지털컨텐츠 기업들의 평균 조직연령이 3.2년에 불과하기 때문이다. 디지털컨텐츠산업

의 이러한 시장상황을 고려한다면 기업들의 시장진입 시기의 이르고 늦음
이 아니라 어느 시점에 시장에 진입했느냐 하는 점이 중요하게 고려되어
야 한다. 디지털컨텐츠산업은 정보기술기반산업의 성장과 변화 가운데 출
현했다. 따라서 정보기술기반산업의 구조변화와 디지털컨텐츠산업 환경을
고려하여 특정 시점의 전후로 기업의 시장진입을 구분하는 것이 필요하다.
이 경우 기준연도를 중심으로 관련 산업정책의 유무도 판단할 수 있어 진
입연도는 유용한 분석기준으로 사용될 수 있다.

2. 디지털컨텐츠기업 하위시장과 시장전략

  디지털컨텐츠기업들의 구조적 등위 성을 다차원 척도 법으로 나타낸 그
림을 여기서 다시 한번 제시한다. 우리는 이미 4장에서 기업간 소속연결망
을 토대로 컨텐츠기업들을 5개의 하위집단으로 분류했다. 여기서는 5개
하위시장이 갖고 있는 공통분모를 확대시켜 3개의 하위시장으로 구분할
것이다. 왜냐하면 지나치게 많은 유형분류로는 하위시장 간 차이를 뚜렷하
게 밝히는데 제한을 갖기 때문이다.
  우리는 4장에서의 하위시장 유형 중 유형4와 유형5 (4장의 <그림 4-6>
참조)를 유형 1로 통합하기로 한다. 유형4와 유형5의 하위시장은 그 시장에
참여한 기업수가 너무 적을 뿐 아니라 시장의 특성이 두드러지지 않기 때문
이다. 더욱이 시장구조에서의 시장간 거리도 유형1 (그래프의 우 하단)과 가
까운 것을 확인할 수 있다. 따라서 기업 간 소속 연결망을 바탕으로 한 디지
털컨텐츠시장구조는 세 개의 하위시장으로 분절되어 있는 것으로 파악한다.
세 개의 하위시장은 <그림 5-1>과 같다. 같은 원안에 묶여진 집단은 기업들
간의 상대적 거리가 가까운 것으로 같은 조직 군에 속한다고 할 수 있다. 우
리는 <그림 5-1>에 나타난 세 개의 하위시장을 각각 유통 중심 포괄기업군,
중소규모 전문기업군, 인터넷미디어 중심 군소기업군으로 명명한다.

144

<그림 5-1> 구조적 등위성에 따른 하위시장 유형*

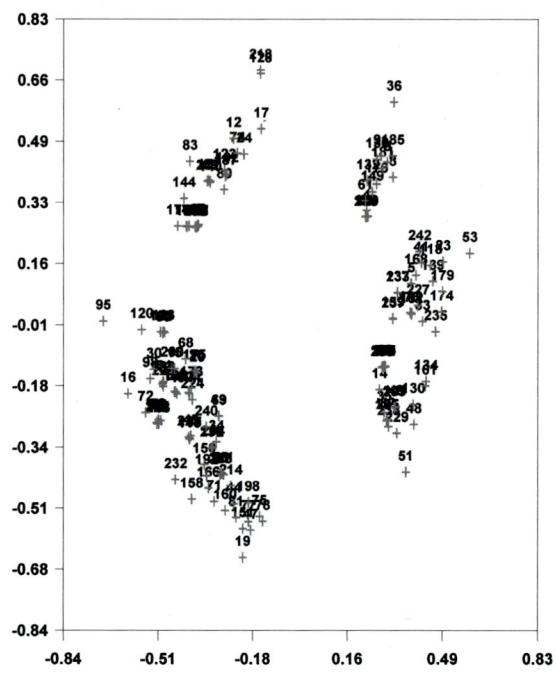

* 이 그래프는 앞서 4절에서 제시한 그래프를 보다 단순한 하위시장 구조로 재분석한 것이다. 따라서 4절에서는 5개위 하위시장으로 유형화했으나, 개별 하위시장 특성을 검토한 결과, 디지털컨텐츠시장의 기업들 간 구조 유형을 크게 3개의 하위시장으로 분절되어 있다고 보는 것이 시장구조의 특성을 잘 드러낸다고 볼 수 있다. 4절에서 DC기업들의 구조적 등위성 분석에 따른 다차원척도로 그린 그래프를 제시할 때는 많은 기업들이 집중적으로 표시되어 있는(위의 그림에서 까맣게 나타나는 점들의 집합) 기업들을 좌표 상에 보이게 하기 위해 그 기업의 ID(번호)가 드러나게 했다. 여기서는 전체 구조가 어떻게 분절되어 있는지를 보다 분명하게 보이기 위해 기업들을 표시하는 번호를 모두 드러내지 않은 채 까만 점 그대로 보이게 했다.

디지털컨텐츠산업의 기업을 중심으로 분석한 하위시장의 특성은 다음
<표 5-2>와 같다.

<표 5-2> 디지털컨텐츠기업 하위시장 유형 분류

하위시장 유형	소속 기업의 특성
유통중심 포괄적 기업군	기업규모가 큰 컨텐츠 유통사에서 출발한 기업들과 다양한 컨텐츠산업에 참여하는 기업들이 함께 포함되어 있음. 다른 하위시장에 비해 상대적으로 적은 수의 기업이 진입해 있으며, 시장규모가 다른 하위시장에 비해 큼.
중소규모 전문기업군	1개 혹은 2개의 컨텐츠산업에 참여하는 상대적으로 전문화된 중소규모의 시장군임. 경쟁강도 높음.
인터넷미디어 중심 군소 기업군	소규모기업들이 포함되어 있으며, 인터넷미디어관련 기업이 많음. 시장규모도 다른 하위시장에 비해 적음. 영세기업의 특성 보임.

이렇게 나눠진 하위시장의 특징을 살펴보면, 유통중심포괄적기업군으로
분류되는 하위시장은 전체 242개 디지털컨텐츠기업의 19.4%인 47개로 구성
되어 있으며, 자본금을 기준으로 파악한 시장규모도 다른 시장에 비해 크다.
중소규모전문기업군은 전체 디지털컨텐츠기업의 28.7%(65개 기업)를 포함
하고 있으며, 시장규모는 세 개의 하위시장 중 중간 정도이다. 인터넷미디어
중심 군소기업군 시장에는 전체 기업의 53.7%가 포함되어 있다. 이 시장은
다른 두 개의 하위시장에 비해 시장규모가 가장 영세하다(<표 5-3.>참조)

<표 5-3> 디지털컨텐츠기업 하위시장별 기업수와 자본금 규모 비교

	기업수	자본금평균	Std. Dev.	Min	Max
미디어관련	130	3.564194	1.632212	.6931472	6.907755
중 소 전 문	65	3.896172	.8334943	3.08191	5.598422
유 통 포 괄	47	5.090514	1.624044	3.713572	7.600903

앞에서 우리는 시장의 수용능력을 기준으로 시장전략을 구분할 때 시장 수용능력이 높으면 다각화전략이 유리하고 그렇지 않으면 전문화전략이 유리하다는 것을 설명했다. 그렇다면 디지털컨텐츠기업들의 하위시장별 시 장전략이 이러한 일반적 시장전략과 유사한지를 분석해보자. 시장전략의 기준으로 파악할 수 있는 변수는 하위시장의 참여 컨텐츠산업 수이다. 즉, 개별 하위시장이 다양한 컨텐츠산업에 참여하는지 혹은 그렇지 않은지를 비교해보면 시장전략의 차이를 알 수 있을 것이다. 다음 <표 5-3>은 하위 시장별 참여 컨텐츠산업 수의 평균을 비교한 것이다.

<표 5-4> 하위시장별 참여 컨텐츠산업 수 차이 검증

nnmds	Summary of 참여컨텐츠 산업수				
	Mean	Std. Dev.	Freq.	Min	Max
미디어관련	1.7830189	1.4276502	130	1	8
중 소 전 문	1.6153846	1.1137256	65	1	7
유 통 포 괄	2.71183	3.167618	47	1	17
Total	2.0123967	2.084285	242		

F=6.14 Prob=.0025

<표 5-4>에 따르면 하위시장에 따른 컨텐츠참여 산업수가 통계적으로 유의한 차이를 보인다(F=6.14, p<.01). 이를 구체적으로 살펴보면, 유통 중 심 포괄기업군의 참여 컨텐츠산업 수 평균이 다른 하위시장에 비해 높았다.

중소규모전문기업군 시장과 인터넷미디어관련 군소기업군의 참여 컨텐츠산업 수 평균은 거의 비슷했으며, 유통포괄기업군에 비해 낮았다. 참여컨텐츠산업수의 평균차이는 하위시장별 시장전략의 차이가 있음을 설명해 주는 것이다. 즉, 유통포괄기업군은 여러 컨텐츠산업에 참여하는 다각화전략을 취하고 있으며, 중소전문하위시장과 인터넷미디어관련 군소기업 하위시장은 전문화전략을 취한다는 것이다. 그러면 하위시장별 시장전략의 차이는 시장성과와는 어떤 관련성을 보일까? 다음에서는 이에 대해 살펴볼 것이다.

3. 디지털컨텐츠시장의 분절적 구조와 시장성과

우리는 앞에서 시장구조 분석이란 시장에서 경쟁이 어떤 방식으로 일어나는지, 그리고 기업들은 이러한 경쟁을 통해 어떻게 시장성과를 달성하는지에 대한 분석임을 언급한 바 있다. 디지털컨텐츠시장의 분절적 구조는 기업들이 하나의 통합된 시장에서 경쟁하는 것이 아니라 하위시장 내에 포함된 기업들과 경쟁하고 있음을 의미한다. 그렇다면 기업들이 시장성과에서 차이를 보이는 것은 어떤 이유 때문일까? 기업들의 시장에서의 구조적 위치가 다르기 때문에 시장성과의 차이가 나는 것일까? 회귀모형 분석을 통해 이 질문의 답을 찾아보자.

회귀모형분석은 시장성과를 종속변수로 하고, 기업연령, 기업규모, 기업의 시장전략, 시장진입시점 등 기업의 내적 요인과 연결망의 구조적 위치라는 연결망 변수 등을 독립변수로 설정하여 분석하였다. 시장성과는 컨텐츠관련 매출액으로, 기업규모는 자본금 규모로 측정했으며, 시장진입시점은 1999년을 기준연도로, 시장전략은 참여컨텐츠산업수로 설정했다. 종속변수인 시장성과를 전체 매출액이 아닌 컨텐츠 관련 매출액으로 설정한 것은 디지털컨텐츠기업 본래적 의미의 시장성과를 파악하기 위해서이다.

그리고 시장진입 시점은 1999년을 기준으로 1999년 이전에 시장에 진입한 기업들과 1999년부터 시장에 진입한 기업으로 구분하였다. 1999년은 디지털컨텐츠산업 관련 정부정책이 나타났던 시기라는 점에서 중요하다. 연결망 변수는 가변수로 처리했다. 이상의 변수를 통해 구성되는 회귀모델은 다음과 같다.

$$Y=a+b_1X_1+b_2X_2+b_3X_3+b_4X_4+b_5X_5$$

Y : 시장성과(컨텐츠관련 매출액, consale)
X1: 기업규모(자본금 규모. 자본금 액수를 로그값으로 전환했음 logcap)
X2: 기업연령(2001년에서 설립연도를 빼서 계산했음, age1)
X3: 시장전략(컨텐츠산업 참여 수, strategy)
X4: 시장진입시기 가변수(기준연도 1999년 period1)
X4: 연결망의 구조적 특징 - 인터넷미디어관련 군소기업군
    (가변수 posi1=1은 인터넷미디어관련 군소기업군, posi=0는 기타)
X5: 연결망의 구조적 특징 - 중소전문기업군
    (가변수 posi2=1이면 중소전문기업군, posi2=0은 기타)

다음 <5-5>는 변수 간 상관정도를 나타내는 상관계수표이다. 각 변수 간 상관정도를 살펴보면, 컨텐츠관련 매출과 가장 높은 상관 정도를 보이는 것은 기업연령(.7543)이며, 시장전략 역시 종속변수와 상대적으로 높은 정적 상관정도를 나타냈다(.6259). 연결망의 하위시장 구조와 종속변수의 상관정도를 보면, 유통중심 포괄기업군은 종속변수와 정적 관계를, 중소전문기업군과 인터넷미디어관련 군소기업군 시장은 종속변수와 부적 관계를 나타냈다.

<표 5-5> 회귀분석에 사용된 변수들 간의 상관계수표

	consale	logcap	age1	strategy	period1	posi1	posi2	posi3
consale	1.0000							
logcap	0.3071	1.0000						
age1	0.7543	0.3313	1.0000					
strategy	0.6259	0.6241	0.5485	1.0000				
period1	0.2345	0.1616	0.7027	0.3151	1.0000			
posi1	-0.3127	-0.0882	-0.1102	-0.0078	-0.3320	1.0000		
posi2	-0.1939	-0.0712	-0.3096	-0.2763	0.4980	-0.8210	1.0000	
posi3	0.8490	0.2661	0.6901	0.4610	-0.2390	-0.3801	-0.2160	1.0000

회귀분석에 사용된 모든 변수를 투입한 회귀모형을 먼저 살펴보고, 다음으로 각 변수들의 독립적 영향 정도를 파악하여 어떤 요소들이 시장에서의 성과에 큰 영향을 미치는지, 그리고 그러한 결과는 어떤 함의를 갖는지를 서술한다. 전체 변수가 투입된 회귀분석표는 다음과 같다.

<표 5-6> 컨텐츠관련 매출을 종속변수로 한 회귀식의 회귀분석표

consale	회귀식 1 표준화회귀계수 (베타값)	회귀식 2 표준화회귀계수 (베타값)	회귀식 3 표준화회귀계수 (베타값)
logcap	-.1275638	-.1507759	-.1265803
age1	.6082655*	1.007666***	.2398545
strategy	.2923105†	.3429476*	.3280723*
period1	.3798036*	.5572376**	···
posi1	-.7044686*	···	-1.000616**
posi2	-.7014022*	···	-.8595304**
posi3	(dropped)	···	(dropped)
R-squared	0.8698***	0.7977***	0.8270***

† p<.10, * p<.05   ** p<.01   *** p<.001

logcap : 기업규모-자본금

age1 : 업연수로 2001년에서 시장진입 연수를 빼서 계산했음.

strategy : 제공컨텐츠 수, 각 기업이 참여하고 있는 컨텐츠산업의 수를 의미함.

period1 : 가변 수, 기준연도 1999년

posi1 : 미디어관련 군소기업군 (posi1=1이면 인터넷미디어관련 군소기업군, 그 이외는 0)

posi2 : 전문정보 중소기업군 (posi2=1이면 중소규모 전문기업군, 그 이외는 0)

posi3 : 유통통합 기업군 (mar1=1이면 유통종합기업군, 그 이외는 0)

회귀식 1에서는 기업연령, 시장전략, 시장진입시점 가변 수, 시장의 분절적 구조에 따른 시장위치 등의 변수가 모두 종속변수에 통계적으로 유의한 영향을 미치고 있는 것으로 밝혀졌다. 대개 기업성과에 유의한 영향을 미치는 것으로 알려진 기업규모는 디지털컨텐츠시장에서는 통계적으로 유의하지 않은 것을 알 수 있다. 기업연령과 시장전략, 그리고 시장진입시기 가변 수는 종속변수에 정적 영향을 나타냈다. 하위시장별 연결망 구조변수를 보면, 인터넷미디어중심 군소기업군과 중소전문기업군은 종속변수컨텐츠관련 매출액과 부(負)적 관계를 보였다. 시장진입 시점 가변 수는 종속변수와 정적 관계를 나타냈다(p<.01 유의수준에서). 이 결과는 정부정책과 관련하여 해석이 가능하다. 1998년 벤처기업 인증 제도를 시작으로 정보기술기반 산업 활성화 정책을 적극적으로 전개한 정부는 1999년을 기점으로 정보화정책이 질적 심화를 이루는 단계로 나아가야 함을 강조한다. 그리고 이러한 정보산업의 중심에 디지털컨텐츠산업이 있음을 밝히면서 이 산업에 대한 적극적인 지원의 필요성을 밝힌다. 이러한 정부의 디지털컨텐츠산업 관련 정책은 디지털컨텐츠관련 산업의 물적, 인적 지원의 형태로 나타났다(정보통신부, 1999). 따라서 시장진입 시점 가변수가 시장성과에 통계적으로 유의한 정적 관계를 보이고 있다는 것은 이러한 정부정책의 긍정적인 효과라는 해석이 가능하다. 물론 그 효과 정도를 보여주는 베타값은 .557정도로 그렇게 큰 것은 아니다.

회귀식 1을 연결망의 구조 차이와 시장진입 시기 차이를 따로 살펴보

자. 회귀식 2는 시장진입시점 가변수를 기업규모, 기업연령, 기업전략 변수와 함께 고려한 모델이며, 회귀식 3은 하위시장의 연결망 구조 변수와 기업규모, 기업연령, 기업전략 변수들이 종속변수에 미치는 영향을 분석한 모형이다. 회귀식 1에서는 모든 독립변수들이 종속변수 분산의 87%를 설명해주고 있다(R^2=.8698). 회귀식 1에서 연결망 변수를 제외한 회귀식 2의 R^2는 .7977이다. 회귀식 1에서 시장진입 시점 변수를 제외한 회귀식 3의 R^2는 .8270로 나타났다.

이 결과는 연결망 구조변수가 시장진입 시기변수보다 종속변수에 대한 설명력이 높다는 사실을 나타내는 것이다. 다시 말하면 회귀식 2에서 연결망 구조를 나타내는 가변수를 추가하면 설명력은 7.2% 증가하지만 (.8698-.7977), 회귀식 3에 시장진입 시기 가변수를 추가하면 R^2의 증가분은 4.3%(.8698-.8270)에 지나지 않는다. 따라서 디지털컨텐츠시장의 시장성과에 미치는 영향은 개별 기업이 어느 시점에 시장에 진입했느냐 하는 점보다는 기업이 어떤 하위시장에 위치하고 있느냐 하는 요소가 더 크다고 볼 수 있다. 하위시장 중 군소기업군 시장은 시장성과에 부적 영향을 미치며, 전문정보중소기업군 또한 시장성과와 부적 관계를 보인다. 하지만 그 정도는 군소기업군 시장보다는 약간 적은 것으로 나타났다. 시장전략 변수와 종속변수와의 관계를 살펴보면 상대적으로 많은 컨텐츠산업에 참여하는 기업의 시장성과가 높게 나타났다. 이 시장전략변수는 회귀식 1에서는 베타 값이 .2923로 통계적으로 유의한 수준이지만 영향 정도는 약하게 나타났다. 그러나 시장진입시점 변수를 제외한 연결망 변수만 고려한 회귀식 3에서는 이 변수의 영향력 정도가 높게 나타났다(회귀식 3에서 strategy변수의 베타 값은 .3280).

이상의 결과를 통해 우리는 기업의 시장참여행위에 의해 만들어진 시장의 연결망 구조 변수가 기업들의 시장성과에 큰 영향을 미치고 있다는 사실을 알 수 있었다. 즉, 디지털컨텐츠기업들의 시장성과는 행위자인 기업이 어느 시점에 시장에 진입했느냐 하는 것보다 기업들이 어떤 하위시장

에 자리 잡고 있느냐 하는 부분이 더욱 중요하게 고려되어야 한다는 것이
다. 물론 이러한 구조적 영향력은 기업 행위자와 별개로 외부에서 만들어
지는 것이 아니라 기업 간 상호관계에 의해 형성되는 것이다.

제2절 산업연결망의 분절적 구조가 갖는 함의

　디지털컨텐츠시장의 분절적 구조를 통해 우리는 각 하위시장의 시장 전
략이 다르게 나타나며, 현재 디지털컨텐츠시장에서는 다각화전략이 시장성
과에 유의한 영향을 미친다는 사실을 알 수 있었다. 그렇다면 어느 유형
의 컨텐츠산업에 참여하는 것이 시장성과를 높이는데 도움을 줄 것인가?
이 질문에 대한 답은 컨텐츠산업 군별 시장경쟁과 시장 활성화 정도를 통
해 추론할 수 있다. 컨텐츠산업별 혹은 산업 군별로 시장경쟁에 차이가 있
다는 것의 의미가 무엇인지, 그리고 컨텐츠산업의 분절적 구조에서 수익모
델을 만들기 위해 어떤 점을 염두에 두어야 하는지를 살펴보도록 하겠다.

1. 컨텐츠 산업연결망의 분절적 구조와 경쟁

　디지털컨텐츠시장의 소속연결망 분석을 통해 컨텐츠산업 구조는 오락컨
텐츠산업 군, 교육컨텐츠산업 군, 전문정보컨텐츠산업 군, 단순정보컨텐츠
산업 군으로 나눠져 있음을 알 수 있었다. <표 5-7>은 컨텐츠산업의 하위
시장이 포괄하는 컨텐츠산업을 정리한 것이다.

<표 5-7> 디지털컨텐츠산업 연결망의 하위시장 유형

유 형	소속 산업
오 락 컨 텐 츠 산 업 군	1. 음악, 2. 영화/영상, 4. 스포츠, 5. 뉴스, 7. 게임, 14. 레저, 15. 만화, 17. 기타
교 육 컨 텐 츠 산 업 군	6. 교육 3. 출판
전문정보컨텐츠산업 군	8. 금융/증권, 16. 취업, 12. 부동산, 11. 의료
단순정보컨텐츠산업 군	13. 날씨 9. 가정생활 10. 법률

그런데 이 네 개의 산업 군중 오락컨텐츠산업 군과 교육컨텐츠산업군은 분석관점에 따라서는 하나의 산업 군으로 묶을 수도 있다. 왜냐하면 분절된 하위시장을 다차원척도로 좌표평면상에 나타내면 오락컨텐츠산업군의 주위를 교육컨텐츠산업 군이 둘러싸고 있는 형태이기 때문이다(4장의 <그림 4-10> 참조). 이러한 형태는 오락컨텐츠산업 군과 교육컨텐츠산업군의 구조적 위치가 겹친다는 의미일 수 있다. 다시 말하면 두 컨텐츠산업군의 구조적 위치가 유사하다는 것이다. 이에 비해 전문정보컨텐츠산업군은 앞의 두 산업 군과는 약간 떨어진 위치에 있으며, 단순정보컨텐츠산업군은 다른 세 개의 컨텐츠산업 군과는 가장 먼 거리에 자리 잡고 있다.

다음으로 각 컨텐츠산업군의 특성을 살펴보자. 각 산업 군에는 어떤 컨텐츠산업이 분포되어 있는지를 검토해 보면 약간 의외의 점이 발견된다. 법률컨텐츠산업이 단순정보컨텐츠산업 군에 포함되어 있는 것이다. 대개 법률컨텐츠는 전문적인 지식을 필요로 한다. 그런데 법률컨텐츠산업이 전문정보컨텐츠산업 군이 아닌 날씨컨텐츠산업, 가정생활컨텐츠산업과 함께 묶여진 것은 현재 법률컨텐츠산업이 온라인에서 서비스되고 있다는 것을 의미한다. 다시 말하면 지금의 디지털컨텐츠시장에서 법률컨텐츠산업은 가정생활컨텐츠산업처럼 일상생활 정보의 성격으로 서비스된다는 해석이 가능하다.

이 같은 특징을 나타내는 컨텐츠산업군의 시장경쟁의 강도는 하위시장별로 어느 정도의 차이를 보이는지 살펴보자. 대개 어떤 시장의 수익성은 시장경쟁의 강도와 연관성을 갖고 있다. 시장의 수용능력이 동일하다고 가정할 때 그 시장에 많은 기업이 진입하면 시장상황이 악화되어 경쟁강도가 높아질 것이며, 상대적으로 소수의 기업만이 분포되어 있으면 시장의 경쟁정도는 약화될 것이다. 조직생태학에서는 시장의 경쟁정도를 이와 같은 방식으로 추정하는데, 이는 특정 지역의 인구밀도를 산출하는 것과 동일한 원리이다. '시장밀도'(market density)란 바로 이 원리를 적용한 것으로 어떤 산업(군)이 가진 시장 수용능력과 그 산업(군)에 참여한 기업 수를 통해 나타낼 수 있다. 디지털컨텐츠산업(군)별 시장밀도를 통해 어떤 컨텐츠산업의 경쟁이 치열한지 혹은 느슨한지를 파악할 수 있다. 대개 시장 수용능력은 그 산업의 매출액을 사용한다. <그림 5-2>는 디지털컨텐츠산업의 하위시장 별 시장밀도를 보여준다. 그래프 상에서 edu는 교육컨텐츠산업 군을, enter는 오락컨텐츠산업 군, inform은 전문정보컨텐츠산업 군, simple은 단순정보컨텐츠산업 군을 표시하고 있다. X축은 각 산업 군에 진입한 기업의 수를 나타낸 것이며, Y축은 매출액을 나타낸 것이다.

<그림 5-2>에서 알 수 있듯이 컨텐츠산업 군별 시장밀도는 산업 군별로 차이를 보인다. 오락컨텐츠산업 군과 교육컨텐츠산업군의 시장밀도가 단순정보컨텐츠산업이나 전문정보컨텐츠산업에 비해 높은 것을 알 수 있다. 그런데 동일한 산업 군에 속하더라도 개별 산업의 시장밀도 또한 산업별로 차이가 있다는 것을 <그림 5-2>는 보여주고 있다. 이러한 산업 군 내 시장밀도의 차이는 교육컨텐츠산업 군과 오락컨텐츠산업 군에서 많이 보이며, 단순정보컨텐츠산업 군과 전문정보컨텐츠산업 군에서는 그렇게 크게 나타나지 않는 것을 알 수 있다.

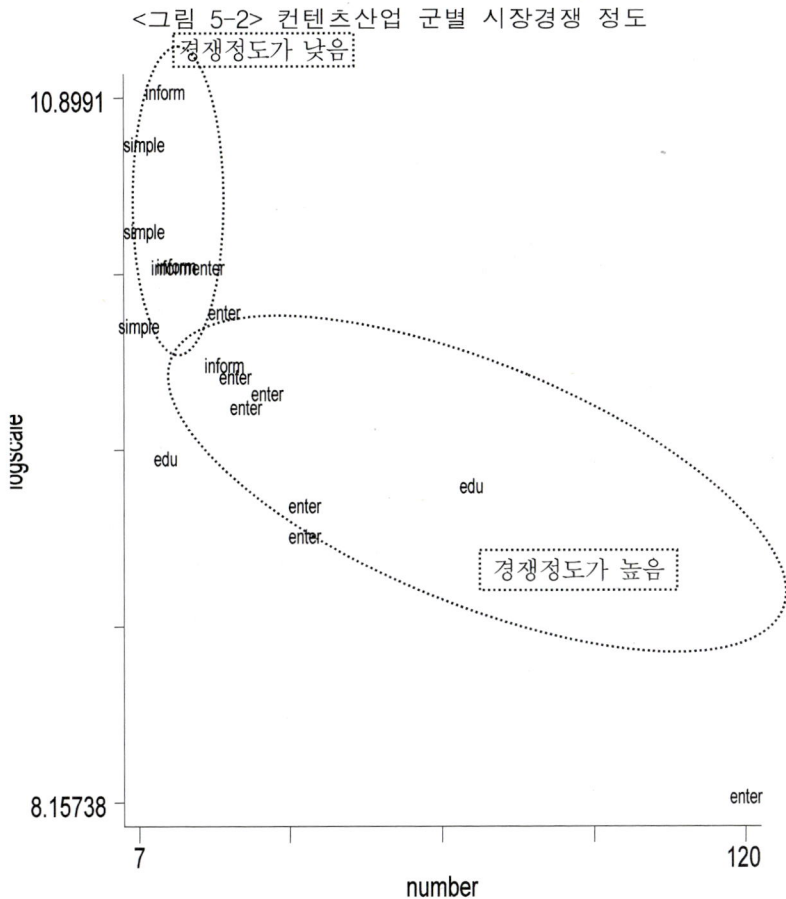

<그림 5-2> 컨텐츠산업 군별 시장경쟁 정도

그렇다면 오락컨텐츠산업 군과 교육컨텐츠산업군의 개별 산업의 시장경쟁의 정도를 살펴보자. 다음 페이지 <그림 5-3>은 각 산업 군에 속한 개별 컨텐츠산업의 시장밀도를 컨텐츠산업별로 나타낸 것이다. 시장진입 기업수간 변량이 커 기업 수를 상용로그값으로 전환시켰다. X축의 시장진입 기업 수를 나타내며, Y축은 시장수용 정도를 나타낸 것이다.

156

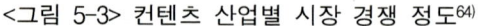

<그림 5-3> 컨텐츠 산업별 시장 경쟁 정도[64]

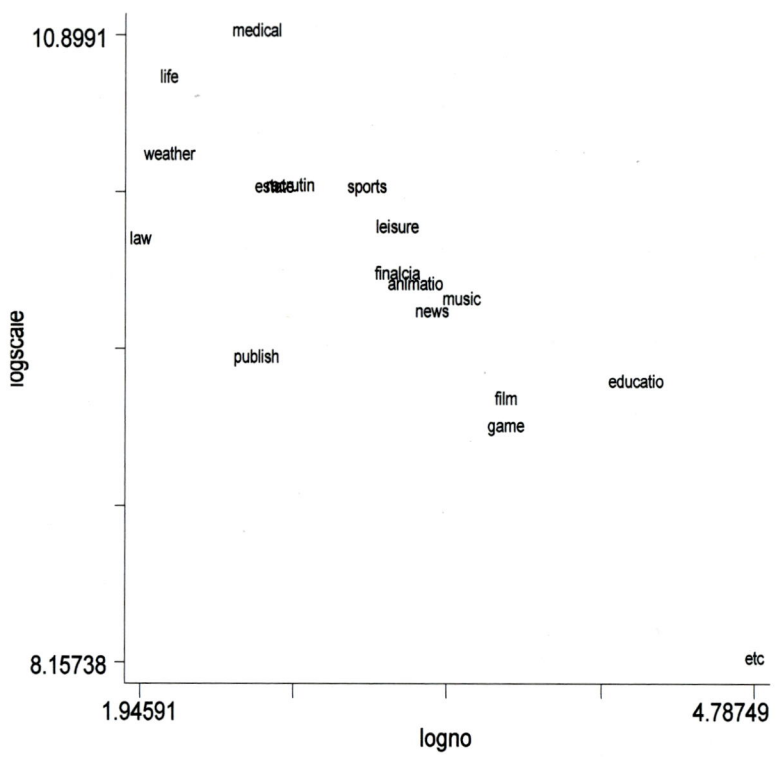

오락컨텐츠산업군의 경우, 기타컨텐츠부문의 시장밀도가 가장 높은 것을 알 수 있다. 이 산업은 시장 수용능력은 모든 컨텐츠산업 부문 중 가장 적으면서 시장에 진입해 있는 기업의 수는 가장 많은 것으로 나타났다. 그 다음으로 영화컨텐츠산업, 게임컨텐츠산업의 시장밀도가 높게 나타났으며, 만화컨텐츠산업, 음악컨텐츠산업, 뉴스컨텐츠산업 등은 오락컨텐츠산업 군에 포함된 다른 컨텐츠산업에 비해 시장밀도가 낮은 편임을 알 수 있다. 교육컨텐츠산업 군을 보면, 출판컨텐츠산업이 교육컨텐츠산업에 비해 시장밀도가 낮은 것으로 나타났다. 단순정보컨텐츠산업의 날씨컨텐츠산업과 생활가

정컨텐츠산업, 법률컨텐츠산업은 시장수용정도는 높지만 시장진입 기업 수가 적어 시장밀도는 낮은 편이며, 전문정보컨텐츠산업군의 경우 부동산컨텐츠와 취업컨텐츠산업의 시장밀도가 비슷하게 나타났으며, 증권금융컨텐츠는 앞의 두 컨텐츠산업보다는 시장밀도가 약간 높은 것을 알 수 있다.

지금까지 살펴본 컨텐츠산업의 시장밀도는 시장의 경쟁강도의 강하고 약함 정도를 의미하는 것으로 해석할 수 있다. 즉, 시장밀도가 높은 산업은 시장경쟁이 심하고 시장밀도가 낮은 산업은 시장경쟁이 약하다는 의미이다. 그런데 시장경쟁이 약하다고 해서 그 시장에 참여한 기업의 시장성과가 반드시 높은 것은 아니다. 디지털컨텐츠시장의 특정 컨텐츠산업 부문의 경쟁이 심하다고 할 때 그것이 오히려 긍정적인 효과를 발휘할 수도 있다. 다시 말하면 어떤 컨텐츠산업에 많은 기업이 참여하고 있다는 것은 그 컨텐츠산업 부문에서 시장성과가 나타날 가능성이 다른 부문보다 높기 때문이기도 하다. 예를 들어 음악컨텐츠산업과 영화컨텐츠산업은 시장밀도가 높은 시장경쟁이 심한 컨텐츠산업이다. 그런데 이 두 산업의 컨텐츠를 동시에 소비하는 이용자가 유사한 인구 사회적 속성을 가지고 있다고 한다면, 경쟁적이던 두 산업은 경쟁을 하는 대신에 공동의 컨텐츠상품을 만들어 전략적 제휴관계를 맺을 수도 있다. <표 5-8>은 2000년 디지털컨텐츠시장에서 오락컨텐츠산업 군과 교육컨텐츠산업 군 사이에 나타나는 제휴 기업의 수를 표시한 것이다. 여기서 제휴란 명확히 정의되어 있지는 않지만 어떤 형태로든 협력관계를 맺었다는 의미이다.

<표 5-8> 디지털컨텐츠산업간 협력[65]

	영화컨텐츠	출판컨텐츠	뉴스컨텐츠	교육컨텐츠
음악컨텐츠	45	9	19	30
영화컨텐츠	-	9	20	29
뉴스컨텐츠	-	-	-	19
출판컨텐츠	-	-	8	22
교육컨텐츠	-	-	-	-

158

즉, 음악컨텐츠산업의 기업 중 영화컨텐츠 기업과 협력관계를 맺은 경험
이 있는 기업수가 45개로 가장 많았으며, 음악컨텐츠산업과 교육컨텐츠산
업, 출판컨텐츠산업과 교육컨텐츠산업 등의 협력관계가 높은 것을 알 수
있다. 이러한 결과는 현재 컨텐츠산업간 관련성이 나타나는 산업 부문간
시너지 효과가 높게 나타날 수 있기 때문이며, 이들 부문이 수익성 확보의
주력시장이기 때문이기도 하다. 그러나 앞서 시장밀도에서 살펴본 것처럼
이 부문은 시장 내 경쟁이 심하게 나타나고 있는 분야이기도 하다. 이러한
사실에서 추론할 수 있는 것은 오락컨텐츠산업 군과 교육컨텐츠산업 군
시장은 많은 기업들이 참여하고, 산업간 교류도 활발한 활성화된 영역이라
는 것이다. 이는 이 부문의 성장가능성을 의미하기도 한다. 반면 전문정보
관련 컨텐츠산업 군과 단순정보컨텐츠산업 군과의 교류는 거의 나타나지
않고 있다.

지금까지 우리는 컨텐츠산업의 분절적 구조가 시장경쟁에서 갖는 의미에
대해 살펴보았다. 경쟁은 분절된 구조 내에서 나타나며, 그 경쟁 정도도 컨
텐츠산업 군별로 차이가 있다. 한편, 디지털컨텐츠산업 시장 부문에서 경쟁
이 심하다는 것은 수익률을 떨어뜨리기보다 시장이 활성화되어 있는 근거로
이해해야 한다는 점도 확인할 수 있었다.

2. 컨텐츠산업 분절적 구조가 산업발전에 갖는 함의

우리는 앞에서 디지털컨텐츠 산업 군별로 시장경쟁 정도의 차이가 나타
나며, 시장밀도가 높은 산업 군에서 산업간 협력 정도도 활발함을 알 수
있었다. 또한 기업연결망 구조분석에서는 디지털컨텐츠기업의 시장구조 내
위치, 즉 어느 하위시장에 위치해 있느냐 하는 점이 어느 시점에 디지털컨

---

65) 한국소프트웨어진흥원, 2001.

텐츠시장에 진입했느냐 한 것보다 시장성과에 더 많은 영향을 미친다는 점도 확인했다. 그리고 현재 디지털컨텐츠시장에서는 여러 컨텐츠산업에 참여하는 다각화전략을 취하는 하위시장이 한두 개 컨텐츠산업에 참여하는 전문화전략을 취하는 하위시장에 비해 시장성과와 정(正)적 관계를 맺고 있다는 점도 밝힐 수 있었다.

그렇다면 다각화전략을 통해 시장성과를 확대시키고자 할 때 어느 컨텐츠산업간 제휴 전략이 효과적일 수 있을까? 이 점을 컨텐츠산업의 분절적 구조가 갖는 함의와 연관시켜 살펴보자. 먼저, 각 컨텐츠산업(군) 중 순이익을 내고 있는 산업은 교육컨텐츠산업에 속한 기업의 21%, 출판컨텐츠산업에 속한 기업의 26%, 영화컨텐츠산업에 속한 기업의 16%에 불과했다. 이로써 디지털컨텐츠산업의 열악한 수익구조를 알 수 있다. 컨텐츠산업별 유료화 비중을 살펴보면 교육컨텐츠산업 군 유료화 비중이 가장 높게 나타났다. 교육컨텐츠산업군의 유료화비중은 70%에 이르는 것으로 나타났다. 이 산업은 단순정보산업 군에 비해 낮은 페이지뷰를 나타내지만 컨텐츠의 유료비중이 높아 순이익을 창출하고 있는 것이다. 이는 출판컨텐츠산업의 전자북 (ebook) 유료회원 확보율이 높기 때문인 것으로 추정되며, 교육컨텐츠산업의 온라인 교육사업 역시 유료컨텐츠비중을 높이는 계기가 되었을 것이다. <표 5-9>는 출판컨텐츠산업 중 전자북(ebook) 시장의 유료화 현황을 보여주고 있다.

디지털컨텐츠산업 중 오락컨텐츠산업 군을 구성하는 음악컨텐츠산업이나 영화컨텐츠산업의 유료화 비중도 다른 컨텐츠산업에 비해 높았는데, 영화컨텐츠산업이나 음악컨텐츠산업은 건당 과금 방식을 이용해 유료화 비중을 높이고 있는 것으로 나타났다. 컨텐츠산업별 유료화 비중이 높은 산업들은 컨텐츠산업연결망 구조에서 중심적인 위치를 차지하고 있는 산업들이다. 컨텐츠시장은 이와 같은 유료화비중을 높이기 위해 노력을 기울이고 있으며, 현재 무료로 컨텐츠를 제공하는 산업들도 수익확보를 위해 유료화를 서두르고 있는 실정이다. 그럼에도 불구하고 유료화를 통한 수익확

충 전망은 그리 밝지 않아 보인다. 전체 산업에 참가한 기업의 69%는 디지털컨텐츠산업의 시장상황이 유료화를 실현하기에는 아직 성숙하지 않았다고 생각하고 있었다(KOMS, 2001, 한국인터넷협회, 2001)

<표 5-9> 출판컨텐츠산업의 전자북 시장 국내 현황

업 체	컨 텐 츠 보유현황	유료서비스 실시 시점	회원규모	기술기반
바 로 북	4,500여종	1998년	35,000여명	XML/PDF
북 토 피 아	800여종	2000년	-	XML/PDF
에 버 북	500여종	2000년	3,000여명	PDF
와 이 즈 북	800종	2000년	50,000여명	XML/PDF
드 림 북	480종	2000년	2,400여명	PDF
예 스 2 4	150종	2000년	450,000명	XML
한국전자북	80종	2000년	1,000명	XML

출처: 도준호 외 (2000)에서 부분 인용

그렇다면 현재 컨텐츠 수익모델 창출에 가장 위협요소로 작용하는 것은 무엇일까? <표 5-10>는 컨텐츠사업 추진 과정에서 기업들이 겪고 있는 어려운 점을 보여주는데, 이용자들의 '유료 컨텐츠 구매에 대한 인식 부족'이 가장 문제점으로 지적되었다. 인터넷이 정보공유에서 출발했던 것인 만큼 네트워크의 어떤 컨텐츠도 무료라는 인식이 여전히 광범위하게 퍼져 있으며, 이러한 사용자 인식은 컨텐츠산업의 수익모델 창출에 가장 위협요소인 것이다.

<표 5-10> 수익모델 확보를 위한 위협요소들*

항 목	%
이용자들의 유료 컨텐츠 구매에 대한 인식 부족	77
서버구입 및 네트워크 비용 등 시설운영비의 부족	34
초고속인터넷 등 통신인프라의 미비	28
컨텐츠 확보의 어려움	27
저작권 보호기술의 미비	24

출처: 한국소프트웨어진흥원(2001)
  * 상위 5위까지만 열거함.

따라서 컨텐츠산업의 수익모델을 만들어내기 위해서는 현재 컨텐츠 유료
소비에 영향을 미치는 소비자의 인구사회학적 특성을 파악하는 것이 필요하
다. 왜냐하면 디지털컨텐츠산업은 소비자의 변화에 민감할 수밖에 없는 탄력
적 시장의 특성을 갖고 있기 때문이다. 2001년 인터넷 사용자 조사자료[66]를
이용하여 인터넷 사용자들의 디지털컨텐츠 사용경험에 어떤 소비자 요소가
상대적으로 중요한지를 파악해 보자. 디지털컨텐츠 유료이용 경험 유무를 종
속변수로 하고, 이용자의 연령변수, 교육수준변수, 인터넷 사용경력변수를
독립변수로 하여 회귀모델을 구성해보자. 종속변수가 컨텐츠유료 이용경험
유무인 이분변수(dichotonomous variables)이므로 로짓분석(logistic
regression analysis)[67]을 실시하였다. 분석을 위한 회귀모형은 다음과 같다.

66) 이 자료는 인터넷 전문조사회사인 (주)아이파벌에서 2001년 5월 전국 10,000여
    명을 대상으로 인터넷 사용자 실태조사를 통해 구축된 것이다.
67) 로짓분석이란 종속변수(Y)가 이분변수인 경우에 사용하는 통계기법이다. 독립변
    수(x)는 이분변수, 범주형 변수, 정량적 변수 등 어느 경우에도 사용 가능하다.
    주어진 독립변수로부터 종속변수를 예측하고자 한다는 점에서 로짓분석은 선형
    회귀모형과 마찬가지이다. 그러나 선형회귀모형에서는 종속변수가 최소한 등간
    척도로 측정되어야 하며, 따라서 이분변수로 구성된 종속변수에 대한 분석이

162

$$\ln\{P(경험있음)/1\text{-}P(경험있음\}=a+b_1X_1+b_2X_2+b_3X_3$$

P : 컨텐츠서비스 사용경험 유무(1: 경험 있음, 0: 경험 없음)
X1 : 연령(만나이)
X2 : 교육수준(1=대재이상, 0=고졸이하)
X3 : 인터넷 사용경력(평균사용개월수)

　연령변수는 만 연령 값을 사용했으며, 교육변수는 대학생 이상을 1, 고졸이하를 0으로 하는 가변수(dummy variable)로, 인터넷 사용경력은 범주형 데이터로 수집된 자료이기 때문에 각 범주의 중간 값을 취해 평균 개월 수를 이용했다. 학력별 컨텐츠 유료 사용경험을 보면 대학생 이상 학력 층의 35.8%가 컨텐츠사용 경험이 있는 반면, 고졸이하자의 18.7%만이 유료 경험사용경험을 한 것으로 나타나 집단 간 통계적으로 유의한 차이를 보였다(X^2=186.84***). 인터넷 사용경력 3년 이용자의 46.2%가 컨텐츠 유료 이용경험이 있는 반면, 인터넷 사용경력 9개월 정도의 이용자는 18.6%만이 디지털컨텐츠 사용경험이 있는 것으로 나타나 여기서도 집단 간 차이가 통계적으로 유의하게 나타났다(X^2=373.67***). 로지스틱 회귀모형의 계수와 결과는 다음과 같다.

불가능하다는 한계가 있고, 이러한 한계에서 출발한 것이 로짓분석이다. 따라서 선형회귀분석이 주어진 독립변수로부터 종속변수의 '평균값'을 예측하는 것이라고 한다면, 로짓분석은 주어진 독립변수로부터 종속변수 두 범주 중 어느 하나의 '비율'을 예측하는 것이다(홍두승, 2000: 299)

<표5-11> 로지스틱 회귀모델의 변수별 계수들

단계		B	S.E.	Wald*	df	Sig.	Exp(B)
1단계	인터넷사용기간	0.0516	0.0028	346.7574	1	0.0000	1.0529
	Constant	-2.0208	0.0696	843.1192	1	0.0000	0.1326
2단계	EDU2	0.6189	0.0693	79.8347	1	0.0000	1.8568
	인터넷사용기간	0.0450	0.0029	246.5605	1	0.0000	1.0460
	Constant	-2.2519	0.0764	869.6629	1	0.0000	0.1052
3단계	AGE	0.0091	0.0030	8.9033	1	0.0028	1.0091
	EDU2	0.5790	0.0705	67.4675	1	0.0000	1.7843
	인터넷사용기간	0.0460	0.0029	253.2710	1	0.0000	1.0470
	Constant	-2.5108	0.1169	460.9345	1	0	0.0812

* Wald 통계량은 카이제곱분포를 따르며, 개별계수의 유의도를 검증하는데 사용된다.

<표 5-12> 디지털컨텐츠 사용유무에 관한 로지스틱 회귀모델 분석표

	model1	model2	model3
상수(constant)	.1326(.0696)***	.1052(.0764)***	.0812(.1169)***
인터넷사용경력	1.0529(.0028)***	1.0460(.0029)***	1.0470(.0029)***
학력 가변수		1.8568(.0693)***	1.7843(.0705)***
연령			1.0091(.0030)***
-2LL	5770.838	5689.319	5680.482
model X2	366.229***	447.748***	456.586***
df	1	2	3

*** p<.000, 계수는 Exp(Xn)의 값이며, 괄호 안의 수치는 표준오차(S.E)임.

164

디지털컨텐츠 사용경험 유무에 가장 큰 영향을 미치는 변수는 학력 가
변수이다. 측 학력차이가 컨텐츠 유료사용 경험에 상대적으로 가장 크게
영향을 미치고 있으며, 인터넷사용경력과 연령변수 역시 디지털컨텐츠 유
료사용경험에 통계적으로 유의한 영향을 보였다. 변수들의 종속변수 설명
력을 비교해 보면 학력 가변수가 다른 변수에 비해 종속변수 설명 량을
상대적으로 많이 증대시켰다. 인터넷 사용경력 변수만을 포함하고 있는 모
델1에서 학력 가변수를 추가시킨 모델2의 -2LL 통계량의 감소가 모델 2
에서 연령변수를 추가 투입한 모델3보다 감소보다 크게 나타났다.68) 그리
고 인터넷 사용경력 변수가 연령변수보다 컨텐츠유료 경험에 더 큰 영향
을 미치고 있는 것으로 나타났다.

이러한 분석결과는 현재 디지털컨텐츠산업의 유료 시장은 학력변수와
인터넷사용 경력 변수가 상대적으로 중요하게 작용한다는 점이다. 우리가
앞에서 살펴본 출판시장에서 전자북 시장의 유료회원 비중이 높다는 점은
이러한 사실을 뒷받침할 수 있는 것으로 보인다. 그렇다면 컨텐츠유료 소
비에 영향을 미치는 사용자 특성과 디지털컨텐츠산업 부문의 시장전략은
어떻게 유기적으로 결합되어야 할 것인지를 살펴보자.

우리는 현재 디지털컨텐츠산업에서 중심적인 하위시장인 오락·교육컨
텐츠산업 군임을 시장구조 분석에서 밝혔다. 또한 이 컨텐츠산업 부문은
전체 시장에서 유사한 위치를 차지하고 있으며 가장 활발한 활동이 나타
나고 있는 컨텐츠산업 부문임을 알 수 있었다. 특히 교육컨텐츠부문은 온
라인 교육시장과 전자북 시장 등의 활성화에 힘입어 계속 성장하는 추세

68) 전체적인 -2LL(log likelihood, 로그가능도)를 살펴보면, 이 통계량은 회귀분석을
통해 추정된 모형이 실제 자료에 어느 정도 적합한가를 평가하는 기준으로 사용
되며, 그 크기가 작을수록 모형이 관찰된 자료를 잘 반영하고 있다고 볼 수 있
는 것이며, -2LL의 변화량, 즉 모델1의 -2LL 통계량에서 모델2의 -2LL을 빼면,
모델2의 카이제곱 통계량이 나타난다. 모델의 카이제곱 통계량 검증은 디지털컨
텐츠사용 경험 여부를 추정하는데 추가 투입된 변수가 통계적으로 의미 있다는
것이다(홍두승, 2000; 301참조).

이다. 따라서 이 디지털컨텐츠산업 군에서는 고학력자를 유료소비자 층으로 지속적으로 확보할 수 있는 전략을 취하는 것이 필요한 것으로 보인다. 대다수의 전자북 출판시장에 진입한 기업이 '오프라인 출판시장을 보완하거나 대체할 신규시장에 대한 기대로 사업을 시작한 것으로 나타나[69] 이 시장에 대한 기대가 높은 만큼, 컨텐츠유료소비에 영향을 미치는 소비자 층의 특성을 적극적으로 고려하는 것이 필요하다.

한편, 오락컨텐츠산업군의 경우 유료컨텐츠소비에 미치는 변수 중 인터넷 경력변수를 고려해 시장전략을 세우는 것 또한 필요한 것으로 보인다. 게임컨텐츠산업이나 음악컨텐츠산업, 영상컨텐츠산업 등은 다른 컨텐츠산업에 비해 젊은 소비자 층을 대상으로 하고 있다. 그런데 인터넷 사용경력을 비교해 보면 고학력자들의 인터넷 사용경력이 가장 높게 나타났으나, 중학생이나 고등학생의 인터넷 사용경력도 높은 것을 알 수 있다. 즉, 중학생의 평균사용개월 수 14.98개월, 고등학생 평균사용개월 수 18.48개월으로 고졸이 하자 평균(14.68개월)보다 높게 나타났다. 따라서 오락컨텐츠산업군의 경우, 음악컨텐츠산업이나 게임 컨텐츠산업에서는 중고등학생, 그리고 인터넷 사용경력이 많은 소비자 층을 대상으로 컨텐츠 소비층을 확장하기 위한 노력이 필요한 것으로 보인다.

더욱이 분절적 시장구조에서 유사한 시장위치를 차지하고 있는 컨텐츠산업 군간 제휴전략과 관련해서는 오락컨텐츠산업 군과 교육컨텐츠산업군이 유사한 소비자 층을 대상으로 시장전략을 세우는 것이 필요하다. 오락컨텐츠산업 군과 교육컨텐츠산업군은 유사한 인구사회학적 특성을 지닌 소비자 층을 대상으로 산업 군간 교류가 이뤄지는 것이 유리할 것이다. 최근 컨텐츠 소비 경향을 보면 대부분 교육컨텐츠에 오락적 요소가 통합되어 있는 형태로 나타나는 것이 대부분이다. 교육컨텐츠는 게임형식으로 포

---

69) 이 외의 사업출발 동기로는 '유통과정을 축소하는 유통망 확보'가 35%, 자사가 보유한 솔루션 판촉 창구 확보'가 15%, 기타 20% 등으로 나타났다(한국소프트웨어홍원, 2001).

장되어 소비자에게 접근하고 있으며, 오락컨텐츠에서도 단순히 재미뿐 아니라 재미를 통해 정보를 획득할 수 있음을 강조하고 있다.

따라서 이러한 컨텐츠시장의 현상은 신규사업자들이 시장에 진입할 때 현재의 시장구조를 염두에 두고 시장행위가 이뤄져야 함을 시사한다고 볼 수 있다. 다시 말하면 디지털컨텐츠시장에서 컨텐츠산업간 유사한 구조적 위치는 경쟁적 관계라기보다는 상호보완적 형태로 경제행위가 이뤄지고 있다는 것이다. 교육컨텐츠산업 군내 교육컨텐츠와 오락컨텐츠산업 군내 영상컨텐츠산업은 서로의 시장전략을 모방함으로써 유료 소비자 층을 확장시킬 수 있다.

마지막으로 신규로 시장에 진입하는 행위자에게 현재 디지털컨텐츠시장의 분절적 구조는 하나의 유용한 가이드라인이 될 수 있다. 즉, 몇 개의 컨텐츠산업에 참여할 것인지를 결정할 때, 그리고 어떤 종류의 컨텐츠를 서비스 할 것인지를 결정할 때 하위시장의 분절성을 고려할 필요가 있는데, 이는 동일한 산업 군으로 묶여진 컨텐츠산업에 동시에 참여하는 것이 시장성과를 높일 수 있기 때문이다.

제3절 소 결

지금까지 디지털컨텐츠시장의 구보분석을 토대로 분절적 구조를 기업을 중심으로, 그리고 컨텐츠산업을 중심으로 분석하고, 하위 시장구조에 따라 시장전략에서 차이가 나타나며, 이러한 시장전략의 차이는 시장성과에 영향을 미친다는 점을 확인했다. 이는 시장위치라는 행위관계에 의해 만들어진 구조적 특성이 기업의 시장전략에 영향을 미쳐 시장성과의 차이로 나타난다는 점을 밝힌 것이다. 이상의 내용을 요약하면 다음과 같다.

1) 디지털컨텐츠 기업을 중심으로 파악한 시장구조는 유통중심포괄적기업군, 중소규모전문기업군, 인터넷미디어중심 군소기업군의 세 부분의 하위시장으로 분절되어 있었다. 유통중심포괄적기업군은 기업규모가 큰 기업이 많이 포함되어 있으며, 과거 컨텐츠유통망을 지배했던 기업이 이 시장에 많은 것으로 나타났다. 유통 중심포괄적기업군으로 명명된 이 시장은 시장위험도(risk)를 최소화하고자 다양한 컨텐츠를 제작·유통하는 다각화된 시장전략을 취하고 있었다. 중소규모전문기업군 시장으로 분류할 수 있는 제2유형의 시장은 시장수용정도가 다른 하위 시장에 비해 낮게 나타났다. 이 하위시장에 속한 기업은 1개 내지 2개의 전문화된 컨텐츠로 시장성과를 내는 전략을 취하며 또한 컨텐츠 상품에만 집중해 수익을 내고자 하는 전략을 취하는 것으로 나타났다. 중소규모전문기업군 시장은 다른 유형의 시장에 비해 컨텐츠 판매를 통한 매출이 가장 큰 것으로 나타났다. 따라서 우리는 이 하위시장이 취하고 있는 기업전략이 '전문화전략'이라는 점을 확인할 수 있었다. 제3유형으로 분류되는 미디어중심 군소기업군 하위시장은 전체 시장의 43.8%의 기업을 포괄하고 있다. 이러한 사실은 이 시장의 진입장벽이 다른 시장에 비해 상대적으로 낮기 때문이다. 즉, 최근의 기술발달과 기술혁신의 결과, 소규모기업이 전문정보로서의 컨텐츠가 아닌 일상정보 혹은 단순정보의 컨텐츠를 서비스할 수 있는 용이한 환경을 만들었다. 물론 이러한 군소 시장의 경우 경쟁의 강도가 높고, 시장진입이 쉬운 만큼 시장에서 쉽게 사라질 수도 있다. 이 하위시장의 시장경쟁전략은 중소전문기업군 시장과 유사하게 한 두 개의 컨텐츠에 집중하는 전략을 부분적으로 보이고 있으나 시장 전체를 특징지을 만한 일관된 전략은 발견할 수 없었다.

2) 디지털컨텐츠시장의 분절적 구조는 기업이 하나의 통합된 시장에서 경쟁하는 것이 아니라 하위시장으로 나눠진 기업 내에서 경쟁이 이뤄짐을 의미한다. 또한 이러한 분절적 시장구조 위치에 따른 시장성과의 차이가

다른 변수에 비해 가장 크게 나타남을 회귀모형분석을 통해 확인할 수 있었다. 회귀모형분석은 시장성과를 종속변수로 하고, 기업연령, 기업규모, 기업의 시장전략, 시장진입시점 등 기업의 내적 요인과 연결망의 구조적 위치라는 연결망 변수를 독립변수로 설정했다. 종속변수인 시장성과 변수는 컨텐츠관련 매출액으로, 기업규모는 자본금 규모로 측정했으며, 시장진입시점은 1999년을 기준연도로, 시장전략은 참여컨텐츠산업수로 측정했다. 분석 결과 연결망 변수가 시장진입 시기변수보다 종속변수에 대해 높은 설명력을 지닌 것으로 나타났다. 따라서 우리는 디지털컨텐츠시장의 시장성과에 미치는 영향은 개별 기업이 어느 시점에 시장에 진입했느냐 하는 점보다는 기업이 어떤 하위시장에 위치하고 있느냐 하는 점이 시장성과에 더 큰 영향을 미친다는 점을 밝힐 수 있었다.

3) 디지털컨텐츠시장의 산업연결망은 교육컨텐츠산업 군과 오락컨텐츠산업 군이 중심적인 위치를 차지하고 있는 형태이다. 각 산업 군 시장경쟁의 정도를 파악하기 위해 산업별 시장밀도를 파악해본 결과, 오락컨텐츠산업 군과 교육컨텐츠산업군의 시장밀도가 단순정보컨텐츠산업이나 전문정보컨텐츠산업에 비해 높은 것을 알 수 있다. 그런데 동일한 산업 군에 속하더라도 개별 산업의 시장밀도 또한 산업별로 차이가 있다는 것을 알 수 있었다. 이러한 산업 군내 시장밀도의 차이는 교육컨텐츠산업 군과 오락컨텐츠산업 군에서 많이 나타나며 단순정보컨텐츠산업 군과 전문정보컨텐츠산업 군에서는 크게 나타나지 않았다. 일반적으로 시장밀도가 높은 시장은 시장경쟁이 심하고 시장밀도가 낮은 산업은 시장경쟁이 심하지 않기 때문에 시장 경쟁이 심하지 않은 시장에서 경제활동이 용이한 것으로 파악한다. 그런데 디지털컨텐츠산업의 경우 시장경쟁이 약하다고 해서 그것이 시장성과로 나타나는 것은 아니다. 디지털컨텐츠시장에서는 경쟁 정도가 심한 하위시장에서 오히려 시장이 활성화되고 협력관계도 다른 하위시장에 비해 많이 나타났다.

제6장 요약 및 결론

　정보기술과 통신기술의 급속하고 누적적인 발전은 우리 사회의 산업구조를 변화시키고 있다. 이러한 산업구조의 변화가 새로운 경제패러다임의 출현을 의미하는 것인지에 대한 논의가 분분하다. 문제는 전체 패러다임의 변화를 규정하기 위해서는 개별 산업에 대한 구체적인 변화가 먼저 점검되어야 한다는 것이다. 즉, 우리사회의 산업구조가 어떤 변화를 겪고 있는지, 이러한 산업의 구조적 변화 과정에서 디지털컨텐츠시장이 어떻게 출현했는지, 이후 이 시장은 어떤 구조적 특성을 보이는지를 분석하는 작업이 필요하다. 경제현상을 연구대상으로 하는 경제사회학적 접근은 산업구조 혹은 시장구조 변화에 대한 제도적 접근(거시적 접근)과 행위자 단위(기업)의 미시적 접근을 동시에 가능케 하는 이론적 자원이다. 즉, 경제현상에 대해 고전 경제학적 접근이 경제행위와 결과를 개별 경제행위자의 효율성 중심의 논리로 분석한다면, 사회학적 시각은 그러한 경제현상이 나타난 구조적 조건을 탐색하고, 경제적 현상이란 하나의 사회적 구성물로서 역사적, 사회적 요소들의 영향 하에 형성·변화된다는 점을 강조한다. 이 연구는 이러한 관점에서 디지털컨텐츠산업의 공동참여연결망을 근거로 이 시장의 구조적 특성을 기업연결망과 산업연결망을 구분해 살펴보았으며, 이러한 시장구조의 특성이 기업행위 수준에 어떻게 영향을 미치는지를 시장전략과 시장성과를 중심으로 분석했다. 그리고 디지털컨텐츠시장의 분절적 구조가 시장의 발전전략에 어떤 함의를 갖는지를 살펴보았다. 여기서는 지금까지의 연구결과를 요약하고 이 연구가 가진 의의와 한계에 대해 서술하겠다.

제1절 연구결과의 요약

1. 디지털컨텐츠산업의 형성과 발전에서의 산업구조 변화의 특성과 디지털컨텐츠산업의 토대와 성장 계기로 작용했던 네트워크의 광대역화 현황과 정보기술 발전 요소는 다음과 같다.

1) 디지털컨텐츠산업은 1990년대 기술기반 기업이라는 벤처기업의 등장과 이에 따른 벤처생태계의 형성이라는 산업구조의 변화를 배경으로, 정보통신산업의 성장에 따른 정보컨텐츠산업의 변화를 통해 나타난 신생산업이다. 정보통신산업의 성장현황을 살펴보면, 2000년 기준 정보통신산업 사업체는 매년 10%이상 증가하고 있으며, 특히 본격적으로 디지털컨텐츠산업 시장이 형성되던 1999년에는 21.2%의 가장 높은 증가율을 보이고 있다. 또한 정보통신 관련 종사자 수 역시 22.1%의 증가를 나타내고 있다. 정보컨텐츠산업과 직접 관련이 있는 정보통신산업 중 소프트웨어 부문의 성장은 이 시기 더욱 두드러진다. 소프트웨어 부문 중 디지털컨텐츠시장 형성과 발전에 직접적으로 연관되어 있는 데이터베이스(DB) 제작서비스의 경우, 1999년에는 전년대비 6.3%의 사업체수의 증가와 17.3%의 종사자수의 증대를 보였으며, 2000년의 경우 사업체 수가 202%이상 증가하는 엄청난 성장을 보이고 있다.

정보통신산업의 성장은 정보컨텐츠산업의 변화로 이어졌다. 정부의 공식 통계에서 1999년 말을 기준으로 정보컨텐츠산업 현황이 나타나고 있는데 이는 정보컨텐츠 부문이 산업 성장에서 중요하게 다뤄지게 되었음을 의미하는 것이다. 정보컨텐츠는 전체 정보통신산업의 1/10정도의 규모이며, 전체 정보컨텐츠 부문의 성장 속도에 비해 인터넷 컨텐츠 부문의 성장 속도가 훨씬 빠르게 나타나고 있다. 정보컨텐츠 부문 중 부가통신서비스 영역의 변화를 추적해 보면 디지털컨텐츠산업의 형성과 변화를 좀 더 잘 알 수 있다. 부가통신서비스 부문의 성장은 1999년에서 2000년 사이에 가장 두드러지는데, 특히 온라인정보제공부문의 성장은 매출액과 가입자 수에서 괄목할 만하다. 이러한 산업구조의 변화 속에서 지금까지 단순한 정보제공 역할만을 담당하던 온라인 정보제공기업은 제작시장과 유통시장의 경계가 모호해지고, 기존 시장이 새롭게 구성되는 등의 변화를 경험한다.

2) 디지털컨텐츠산업 형성 토대와 발전 계기는 기술적 요소라고 할 수 있다. 인터넷이라는 새로운 커뮤니케이션의 등장은 디지털컨텐츠 산업이 시장을 형성하고 수요를 창출하는 토대 역할을 했는데, 특히 네트워크의 광대역화는 디지털컨텐츠시장이 확장되는 주요 계기가 되었다. 한국은 초고속인터넷서비스 가입자 수에 있어 세계 1위를 차지하는 엄청난 성장을 보였고, 이러한 초고속인터넷보급률은 어떤 형태의 디지털컨텐츠시장도 성립될 수 있는 환경이 이뤄졌음을 의미하는 것이다. 일반 가정의 초고속인터넷 보급률이 32%에 이르면 장편영화시장이나 인터랙티브 게임 (interactive game) 등의 완벽한 컨텐츠가 구현되는 서비스가 가능할 것으로 전망하는데, 한국은 2000년 12월 기준으로 초고속인터넷서비스 가구 가입률이 41%를 넘어섰다. 이렇듯 인터넷의 등장과 네트워크의 광대역화는 디지털컨텐츠산업이 성장할 수 있는 사회 기반시설의 역할을 하고 있음을 알 수 있다.

디지털 기술의 발전은 디지털컨텐츠의 다양한 형식을 가능케 했다. 더욱이 정보처리기술의 발전은 디지털컨텐츠산업이 한 단계 성장할 수 있는 중요 계기였다. 압축기술의 발전은 컨텐츠의 다양화를 가져왔다. MPEG2 표준기술은 압축 뿐 아니라 컨텐츠의 음량이나 화질 등을 개선시킴으로써 디지털컨텐츠의 질적인 측면에 크게 기여한 것으로 나타났다.

이와 같은 디지털 기술의 발전은 디지털컨텐츠산업이 발전할 수 있는 결정적 계기가 된 동시에 기존 시장을 개편하는 역할을 했다. 다시 말하면 정보처리기술들의 발전은 과거 컨텐츠시장이 정보유통업을 중심으로 형성되었던 환경을 변화시킨 것이다. 이는 정보처리 관련 기술이 디지털컨텐츠시장 진입에 용이한 기술적 자원으로 작용하면서 진입장벽을 낮췄기 때문인 것으로 파악된다.

2. 이러한 산업 환경을 배경으로 성립된 디지털컨텐츠 시장의 내부구조를 행위자 연결망을 근거로 미시적으로 분석한 결과, 기업중심의 구조적 유형과 산업중심의 구조적 유형에서 하위시장이 형성되어 있음을 발견할 수 있었다. 즉, 디지털컨텐츠시장의 내부구조를 기업 X산업이라는 공동참여연결망을 중심으로 여기서 파생되는 기업 X기업 연결망과 산업 X산업 연결망을 토대로 분석한 결과, 기업간 구조는 크게 세 개의 하위시장으로 분절(fragmented)되어 있었으며, 컨텐츠 산업들 간의 구조적 특성은 네 개의 하위 산업 군을 형성하고 있는 것으로 나타났다.

1) 디지털컨텐츠 기업을 중심으로 파악한 시장구조는 유통중심 포괄적 기업군, 중소규모전문기업군, 인터넷미디어중심 군소기업군의 세 부분의 하위시장으로 분절되어 있었다. 유통중심 포괄적기업군은 기업규모가 큰 기업이 많이 포함되어 있으며, 과거 컨텐츠유통망을 지배했던 기업이 이 시장에 많은 것으로 나타났다. 유통중심 포괄적기업 군으로 명명된 이 시장은 시장위험도(risk)를 최소화하고자 다양한 컨텐츠를 제작·유통하는 다각화된 시장전략을 취하고 있었다. 중소규모전문기업군 시장으로 분류할 수 있는 제2유형의 시장은 시장수용정도가 다른 하위 시장에 비해 낮게 나타났다. 이 하위시장에 속한 기업은 1개 내지 2개의 전문화된 컨텐츠로 시장성과를 내는 전략을 취하며 또한 컨텐츠 상품에만 집중해 수익을 내고자 하는 전략을 취하는 것으로 나타났다. 중소규모전문기업군 시장은 다른 유형의 시장에 비해 컨텐츠 판매를 통한 매출이 가장 큰 것으로 나타났다. 따라서 우리는 이 하위시장이 취하고 있는 기업전략이 '전문화전략'이라는 점을 확인할 수 있었다. 제3유형으로 분류되는 미디어중심 군소기업군 하위시장은 전체 시장의 43.8%의 기업을 포괄하고 있다. 이러한 사실은 이 시장의 진입장벽이 다른 시장에 비해 상대적으로 낮기 때문이다.

즉, 최근의 기술발달과 기술혁신의 결과, 소규모기업이 전문정보로서의 컨텐츠가 아닌 일상정보 혹은 단순정보의 컨텐츠를 서비스할 수 있는 용이한 환경을 만들었다. 물론 이러한 군소 시장의 경우 경쟁의 강도가 높고, 시장진입이 쉬운 만큼 시장에서 쉽게 사라질 수도 있다. 이 하위시장의 시장경쟁 전략은 중소전문기업군 시장과 유사하게 한 두 개의 컨텐츠에 집중하는 전략을 부분적으로 보이고 있으나 시장 전체를 특징지을 만한 일관된 전략은 발견할 수 없었다.

2) 컨텐츠 산업을 중심으로 구조적 등위성 방법을 사용해 시장구조를 분석하면, 디지털컨텐츠시장은 컨텐츠산업별로 오락컨텐츠산업 군, 교육컨텐츠산업 군, 전문정보컨텐츠산업 군, 단순정보 컨텐츠산업 군 등 4개의 하위시장으로 분절되어 있었다. 하위시장을 구성하고 있는 컨텐츠산업을 보면, 오락컨텐츠산업 군에는 음악 산업, 영화산업, 스포츠산업, 뉴스관련 산업, 게임산업, 레저산업, 만화산업, 기타산업들이 포함되어 있으며, 교육컨텐츠산업 군에는 교육산업과 출판 산업이, 전문정보컨텐츠산업 군에는 금융증권컨텐츠산업, 취업관련 산업, 부동산컨텐츠산업, 의료컨텐츠산업이, 단순정보컨텐츠산업 군에는 날씨컨텐츠산업, 가정생활컨텐츠산업, 법률컨텐츠산업이 포함되는 것으로 나타났다. 이러한 하위시장을 구성하는 산업은 조직생태학에서 의미하는 적소가 중복되는 산업들이다. 예를 들어 오락컨텐츠산업 군에 속하는 스포츠산업과 영화산업은 서로 경쟁적인 관계일수 있다는 것이다. 그러나 시장에서 비슷한 위치를 점하고 있기 때문에 유사한 시장전략을 취할 수 있으며, 따라서 이들 산업이 서로 전략적 제휴관계를 맺을 확률도 높음을 의미한다.

하위시장 분류에서 예외적인 산업이 법률 컨텐츠산업으로, 이는 현재 디지털컨텐츠시장에서는 전문정보 컨텐츠산업 군이 아닌 단순정보 컨텐츠산업으로 분류되었다는 점이다. 이는 법률 정보 자체는 전문적인 지식범주에 속하는 것이지만, 현재 컨텐츠시장에서는 법률정보관련 컨텐츠를 제공하는 기업들은 전문적인 법률정보를 제공하기 보다는 생활에 필요한 단순한 법률 정보를 제공하는데 그치기 때문에 단순정보 컨텐츠산업 군에 속한 컨텐츠 군들과 구조적으로 등위적인 위치에 있는 것으로 나타났다는 해석이 가능하다. 따라서 법률컨텐츠산업 부문은 컨텐츠시장의 발달 정도에 따라 다른 위치로 옮겨갈 여지가 충분하다고 판단된다. 4개의 하위 컨텐츠산업 간이 차지하고 있는 시장위치를 보면 오락컨텐츠산업 군이 중심적인 위치를 차지하고 있으며, 그 주위를 교육컨텐츠산업 군이 포위하고 있는 형태로 나타나고 있다. 이는 교육컨텐츠산업 군이 오락컨텐츠산업군의 특성을 공유하고 있다고 해석할 수 있는데, 오늘날 교육컨텐츠산업에 참여한 기업들이 에듀테인먼트라는 용어를 통해 자신의 교육컨텐츠의 시장가치를 높이고자 하는 전략은 이러한 시장의 구조적 특성이 기업전략에 반영되고 있는 것이다.

3. 디지털컨텐츠시장의 분절적 구조는 하위시장별로 서로 다른 시장전략으로 나타났으며, 이러한 시장전략의 차이는 시장에서의 성과의 차이로 나타났다. 특히 시장성과에 가장 큰 영향을 미친 것은 시장구조에서의 시장위치라는 연결망 변수임을 알 수 있었다.

1) 디지털컨텐츠시장의 분절적 구조는 기업이 하나의 통합된 시장에서 경쟁하는 것이 아니라 하위시장 내에 포함된 기업들과 경쟁하고 있음을 의미한다. 또한 이러한 분절적 시장구조 위치에 따른 시장성과의 차이가 다른 변수에 비해 가장 크게 나타남을 회귀모형분석을 통해 확인할 수 있었다.

회귀모형분석은 시장성과를 종속변수로 하고, 기업연령, 기업규모, 기업의 시장전략, 시장진입시점 등 기업의 내적 요인과 연결망의 구조적 위치라는 연결망 변수 등을 독립변수로 설정했다. 시장성과는 컨텐츠관련 매출액으로 측정하며, 기업규모는 자본금 규모로 측정했으며, 시장진입시점은 1999년을 기준연도로, 시장전략은 참여컨텐츠산업수로 측정했다. 분석결과 연결망 구조변수가 시장진입 시기변수보다 종속변수에 대한 설명력이 높다는 것이다. 다시 말하면 회귀식 2에서 연결망 구조를 나타내는 가변수를 추가하면 설명력은 7.2% 증가하지만(.8698-.7977), 회귀식 3에 시장진입 시기 가변수를 추가하면 R^2의 증가분은 4.3%(.8698-.8270)이다. 따라서 우리는 디지털컨텐츠시장의 시장성과에 미치는 영향은 개별 기업이 어느 시점에 시장에 진입했느냐 하는 점보다는 기업이 어떤 하위시장에 위치하고 있느냐 하는 점이 시장성과에 더 큰 영향을 미친다는 점을 밝힐 수 있었다. 디지털컨텐츠시장은 군소기업군 하위시장은 시장성과에 부적 영향을 보이고 있으며, 전문정보중소기업군 역시 시장성과와 부적 관계를 보이지만, 그 정도는 군소기업군 시장보다는 약간 적었다. 시장전략 변수와 종속변수와의 관계를 살펴보면 상대적으로 많은 컨텐츠산업에 참여하는 전략을 취하는 것이 시장성과를 높이는 것으로 나타났다.

2) 디지털컨텐츠시장의 산업연결망은 교육컨텐츠산업 군과 오락컨텐츠산업 군이 중심적인 위치를 차지하고 있는 형태이다. 각 산업 군 시장경쟁의 정도를 파악하기 위해 산업별 시장밀도를 파악해본 결과, 오락컨텐츠산업 군과 교육컨텐츠산업군의 시장밀도가 단순정보컨텐츠산업이나 전문정보컨텐츠산업에 비해 높은 것을 알 수 있다. 그런데 동일한 산업 군에 속하더라도 개별 산업의 시장밀도 또한 산업별로 차이가 있다는 것을 알 수 있었다. 이러한 산업 군내 시장밀도의 차이는 교육컨텐츠산업 군과 오락컨텐츠산업 군에서 많이 보이며, 단순정보컨텐츠산업 군과 전문정보컨텐츠산업 군에서는 그렇게 크게 나타나지 않았다. 대개 시장밀도가 높은 시장은 시장경쟁이 심하고 시장밀도가 낮은 산업은 시장경쟁이 약하다는 것이다. 그런데 시장경쟁이 약하다고 해서 그것이 시장성과로 나타나는 것은 아니다. 디지털컨텐츠시장에서 어떤 산업의 경쟁이 심하다고 할 때 그것이 오히려 긍정적인 효과를 발휘하고 있다. 디지털컨텐츠시장에서는 경쟁 정도

가 심한 하위시장에서 오히려 시장이 활성화되고 협력관계도 다른 하위시
장에 비해 많이 나타났다.

제2절 연구의 함의와 제한점

이 연구에서는 정보통신기술을 기반으로 한 신생산업으로서 디지털컨텐
츠산업의 시장구조를 기업간 공동참여연결망을 통해 이 시장의 기업 유형
은 세 개의 하위시장으로 분절되어 있으며 컨텐츠산업을 기준으로 네 개
의 하위 산업 군으로 나눠져 있음을 기업 자료를 토대로 분석했으며, 이러
한 시장의 분절적 구조가 시장전략과 시장성과에 미치는 영향을 구조와
행위의 이중성이라는 관점에서 해석했음을 연구결과의 요약에서 밝혔다.

인터넷의 보편적 사용과 함께 지속적인 디지털기술의 발달은 기존 산업
의 틀을 바꾸면서 새로운 산업영역을 만들고 있다. 신생산업은 자신의 산
업적 특성에 적합한 제도적 지원을 통해 성장, 발전한다. 우리 사회의 디
지털컨텐츠시장의 외연이 지속적으로 확장되고 있는 상황을 고려한다면
이러한 제도적 요소들이 산업성장에 어떤 연관 고리를 계속 유지할 것인
지는 중요한 측면이다. 신생산업의 발달과정을 사회구조적 측면에서 분석
하고, 그 내부시장 구조의 유형을 밝히는 작업은 정보기술사회의 분석의
기초적 자료를 제공한다는 의의와 함께, 이 산업이 어떤 방향으로 발전할
것인가를 예측하는 중요한 근거로 사용될 수 있다고 하겠다. 특히 오늘날
기술적 의미에서든 조직차원에서든 정보기술 산업 분석에서 네트워크의
의미가 더욱 중요해 진다는 점을 고려한다면, 이 연구에서 공동참여연결망
이라는 기업 간 간접적 연결을 통한 기업의 관계를 유형화시킨 것은 향후
이 시장에 참여하려는 기업에게 하나의 판단준거로 사용될 수 있다는 점

에서 의미 있는 작업으로 볼 수 있다. 기업의 개별적 행위는 구조에 의해 영향을 받으면서 동시에 개별적 행위들의 상호작용에 의해 구조적 변화가 나타난다는 '구조와 행위의 이중성'이라는 관점에서의 시장구조 분석은 이런 맥락에서 유의미한 성과일 수 있다. 한편, 이 연구가 갖고 있는 이러한 의의에도 불구하고 이 연구는 몇 가지 제한점을 갖는다.

먼저 이 책에서 사용하는 자료는 2000년 말이 조사 시점이다. 그런데 정보기술관련 산업의 변화 속도를 고려한다면 이 자료가 갖는 시기적 한계는 너무나 명백하다. 이러한 한계는 이 후 자료의 보완을 통해 새로운 연구 작업으로 이어져야 할 것인데, 디지털컨텐츠기업에 관한 시계열 자료를 확보한다면 시장의 변화 모습이 보다 잘 포착될 수 있을 것이다.

또한 이 연구에서는 디지털컨텐츠기업의 간접적 연결망을 통해 시장구조를 밝힐 수밖에 없었다. 이 간접적 연결은 직접적으로 나타나는 관계가 아닌 잠재적 관계라는 가능성을 보여주는 것이다. 따라서 이러한 간접적 연결망을 통한 디지털컨텐츠 시장구조와 경쟁관계는 직접적 연결망(direct network)을 통해 보다 분명해 질 수 있다. 예를 들어 우리가 분석한 하위 시장 군에 속한 기업간 인적 자원의 교류가 있는 기업과 그렇지 않은 기업들 간의 관계를 밝힐 수 있다거나, 하위시장 간 컨텐츠제작·유통과 관련한 하청 관계가 성립하고 있다면 컨텐츠산업의 시장구조는 훨씬 생생하게 드러난다고 하겠다. 그러나 이 책에서는 여기까지 다루지 못했다. 이 부분은 이후 주요 연구 과제가 될 것이다.

참고문헌

1. 자 료

세계일보, 『한국벤처기업총람』, 1998, 1999, 2000

삼성경제연구소 CEO information 제240호 ..

정보통신부, 『디지털컨텐츠산업육성 관련 보도자료』, 2001. 6

정보통신부, 『디지털컨텐츠 산업 발전 종합계획안』, 2001. 4

정보통신부, 『정보통신산업 통계조사연구』, 1999

중소기업청, 『벤처기업 백서』, 1999, 2000

중소기업청, 『벤처기업 육성시책』, 2001

정보통신진흥협회, 『정보통신산업 통계』, 각 연도 각 월호

한국전자통신연구원, 2001 『국내 정보통신산업 실태분석』, 정보 통신진흥
    총서 01-03

한국정보통신정책연구원(KISDI). 1998 『컨텐츠산업의 현황과 정책과제』

한국정보통신정책연구원(KISDI). 2001a. 『정보통신산업동향』

한국정보통신정책연구원(KISDI). 2001b. 『2001 정보통신통계지표집』

한국데이터베이스진흥센터, 『데이터베이스 백서』, 1997, 1998

한국데이터베이스진흥센터, 『알기 쉬운 한국의 데이터베이스 목록』, 1999

한국인터넷기업협회, 『인터넷산업분류체계에 근거한 Kinternet Member
    Directory』, 2002

한국전산원, 『국가정보화백서』, 1997, 1998, 1999, 2000

한국전산원, 『인터넷백서』, 1999

한국데이터베이스진흥센터. 1996. 『데이터베이스산업의 의의와 해결과제』

한국전자공업진흥회. 『정보산업연감』

2. 국내문헌

권태환 외, 1998, 『정보사회의 이해』, 미래M&B사.

권태환·이재열, 1998, "사회운동조직간 연결망", 『한국사회과학』 제20권 제
    3호, 서울대 사회과학연구원

공유식·김혁래·박길성·유홍준 편저, 1994, 『신경제사회학의 이해』, 역사
    비평사

기정훈, 1997, 『기업의 형성과 네트워크에 관한 연구: 포이·양재지역의 전
    자·정보업체들을 대상으로』", 서울대학교 환경대학원 석사 논문

길인성, 1994, "신제도학파 경제사의 성과와 한계: 더글러스 노스를 중심으
    로", 『사회비평』, 제11호

김경동·박찬웅 외, 2000, 『SI산업에서의 기업연결망과 기업내부조직 분석
    을 기반으로 한 효과적인 기업간 전략적 연합 방안에 관한 연구』, 서
    울대학교

김경훈, 1998, 『벤처기업 활성화를 위한 제도적 개선방향』, 대한상공회의소
    경제연구센터.

김도환 외, 1998, 『소프트웨어 산업 현황분석 및 정책연구』, KISDI,
    1998-02

김묵한. 1996. 『사업서비스의 입지특성과 전후방연계에 관한 연구-서울시 시스템통합업체를 중심으로』 서울대학교 환경대학원 석사논문.

김문조, 1986, "사회망 분석(Socail Network Analysis)의 기본원리 및 절차", 황성모 교수화갑 기념 논문집 『사회구조와 사회사상』 심설당, 501-518.

김재훈, 1996, 『한국 반도체 산업의 동형 화에 관한 연구: 메모리 특화형 기업으로의 변동과정과 그 결정요인』, 서울대학교 사회학과 박사논문

김종인, 『소프트웨어 벤처기업 창업자의 지적무형자산 평가에 관한 연구』, KISDI, '97-26

김용학. 1992. 『사회구조와 행위』 나남.

김용학, 1999a, '연결망 분석이란 무엇인가?', 교육평가학회 발표문.

김용학, 1999b, "사회구조 분석기법으로서의 연결망 분석", 김일철 편, 『한국의 사회구조와 지역사회』, 서울대 출판부, 69-86

김혁래, 1997, '신제도경제학의 지배구조론', 『사회발전연구』, 연세대사회발전연구소, pp.17-38

김현옥. 1996. 『정보기술산업의 기업특성과 정보기술자의 자율성 연구』 이화여대 사회학과박사논문.

김환석·홍성범·이영희. 1992. 『세계경제의 장기파동과 신기술의 국제확산』 한국과학기술연구원.

명제선 외, 1998, 『벤처기업 실태조사 보고서』, 중소기업진흥공단

박동현, 2001, "디지털 혁명과 신경제의 미래", <교수신문>, 2001년 7월 9일

박찬웅, 1998, "국가능력과 국가 개입방식에 대한 제도론 적 접근", 『한국사회학』 제32집 겨울호, pp.787-813

박찬웅, 1999, "경쟁의 사회적 구조", 『한국 사회학』 제33집 겨울호

박찬웅, 2000, "사회적 자본, 신뢰, 시장: 시장에 대한 사회학적 접근", 한국
    사회학회 편, 『21세기 시장과 한국사회: 새로운 사회학적 탐구영역의
    모색』, 나남. pp.143-185

박찬웅·한준, 2000, "이용자 인구특성을 통해 본 인터넷사이트 생태구조",
    한국사회학회 발표문

백욱인, "디지털경제와 지적소유권",

    http://www.kornet.co.kr/~wipaik

서이종. 1999, 『지식·정보사회학: 이론과 실제』, 서울대 출판부.

손상영 외, 2000, 『인터넷 경제에 대한 이론적 분석』, KISDI

송위진, 1999, 『기술선택의 정치과정과 기술학습 - CDMA 이동통신 사례
    연구』, 고려대학교행정학과 박사학위 논문

염재호. 1994. "국가정책과 신제도주의", 『사회비평』, 제11호

유홍준, 1994. "경제사회학의 전개와 새로운 패러다임." 공유식 외 편저, 『
    신경제사회학의 이해』, pp.17-60

유홍준, 1995. "한국 제약 산업의 시장구조에 대한 신경제사회학적 분석."
    『한국 사회학』 제29집(여름): 291-319.

유홍준, 2000, "기업변화에 대한 경제·조직사회학의 탐색 가능성", 한국사
    회학회 편, 『21세기 시장과 한국사회: 새로운 사회학적 탐구영역의
    모색』, 나남. pp.189-213

윤영민, 1996, 『전자정보공간론: 컴퓨터 네트워크의 사회학적 탐색』, 서울:
    전예원.

이 건, 박준식, 박찬웅, 1999, 『IMF체제의 국내 소프트웨어산업 영향분석
    과 대응전략 수립에 관한 연구』, 정보통신학술연구과제 98-01. 정보통
    신부.

이인찬, 1997, 『정보통신 중소기업의 창업형태와 창업활성화정책』, KISDI

이인찬·박기영, 1997, 『벤처기업 육성을 위한 벤처캐피탈 활성화 방안』, KISDI

이인찬 외, 1998, 『벤처기업의 성장단계별 성공요인 분석과 정책과제』, KISDI

이인찬 외, 1999, 『정보통신창업의 애로요인에 관한 연구』, KISDI, 1999

이인찬 외, 2000a, 『디지털컨텐츠산업 조사연구 사업보고서』, 한국소프트웨어진흥원

이인찬 외, 2000b, 『정보통신기술이 컨텐츠산업에 미치는 파급효과 분석』, KISDI

이웅희, 2001, "벤처침체와 새 활로", 삼성경제연구소 CEO Information

이재열. 1996a. "시장구조와 기업의 조직적 과정에 대한 경제사회학적 연구: 시장과 기업의 수익률을 중심으로." 『한국 사회학』 제30집(가을호): 493-518.

이재열, 1996b, 『경제의 사회학』 나남.

이재열, 1996c, 『연결망 분석의 실재』, 서울대학교 사회발전연구소 working paper

이재열, 1998, "사회적 연결망으로서의 기업," 신 기업이론연구회 편, 『한국기업의 이해와 과제』, 삼성경제연구소, 70-112

이재열·조권중·조동기, 1999, 『정보제공산업의 현황과 발전전망에 대한 연구: 기술 및 산업구조 분석』, 서울대학교

이정원. 1993. "국내 소프트웨어산업의 시장특성 및 경쟁 환경." 『과학기술정책』 제5권: 130-46.

이택면. 1996. "시장이론의 재검토: 구조적 시장이론을 위하여". 『사회비평』 16호: 337-66.

장덕진, 2000, "모수적 합리성, 거래비용, 그리고 경쟁의 사회구조: 시장을 보는 세 가지 관점", 한국 사회학회 편, 『21세기 시장과 한국사회: 새로운 사회학적 탐구영역의 모색』, 나남. pp.21-79

장승권, 정명호, 김영수, 2000, 『인터넷 지식벤처의 성공조건』, 삼성경제연구소.

장 호, 1997, "하청의존도와 시장수익률에 관한 상황 이론적 접근: 산업간 비교를 위한 연결망 분석", 『한국 사회학』, 제31집 겨울호

정보통신산업연구실, 1999, 『제2의 실리콘밸리를 위한 경쟁』, 정보정책연구원

조동기·강임호 외, 2000, 『인터넷 산업분류별 국내 인터넷 기술/시장 조사분석』, KISDI

최계영, 정시연, 홍동표, 2001, "정보통신산업의 산업연관 분석(1990~1998), 『정보사회연구』, 가을호, pp.59-88

한경희, 2000, 『지역기반 기술협력 연결망 연구: 대덕연구단지 분리신설기업을 중심으로』, 연세대학교 사회학 박사논문, 2000

한상영, 1998, 『일본 퍼스널 컴퓨터 산업의 역동성과 부동성: 연결망의 결속과 배제』, 연세대학교 사회학과 박사학위논문.

한 준, 2000, "정보기술과 시장의 변화", 한국사회학회 편, 『21세기 시장과 한국사회: 새로운 사회학적 탐구영역의 모색』, 나남. pp.215-243

홍두승, 2000, 『사회조사방법론 제3판』, 다산출판사

홍길표, "경제활동의 지배구조와 네트워크 조직",

홍성욱·백욱인 엮음, 2001 『2001 사이버스페이스 오디세이』, 창작과 비평사

황주성 외, 1999, "정보통신산업지구 활성화를 위한 연구-서울 S/W 타운을 중심으로", KISDI

3. 외국문헌

Arthur, B(1996a), "Increasing Returns and the New World of Business", *Harvard Business Review*, July-Aug.

Arthur, B(1996b), '수확체증 경제학의 입문', 김웅철 옮김(1997), 『복잡계 경제학I』, 평범사.

Baron, James N and Michael T. Hannan, 1994, "The Impact of Economics on Contemporary Sociology," *Journal of Economic Literature*, XXXII(September),: 1111-1146

Barnet, Jay B., "Dimensions of Informal Social Network Structure: Toward A Contingency Theory of Informal Relations in Organizations", Social Networks 7 (1985) 1-46

Baker, Wayne E. 1984. "The Social Structure of a National Securities Market." *American Journal of Sociology* Vol.89 No.4.

Barley, Stephen R., John Freeman, and Ralph C. Hybels. 1992. "Strategic Alliances in Commercial Biotechnology." pp.311-347 in *Networks and Organizations: Structure, Form and Action,* edited by Nitin Nohria and Robert G. Eccles. MA: Harvard Business School Press.

Beiger, James R.. 1986. *The Control Revolution: Technological and Economic Origins of the Information Society*, Cambridge MA. Harvard Univ. Press.

Bell, Daniel. 1973. *The Coming of Post Industrial Society, Basic Books.*

Beniger, James. 1986. *The Control Revolution: Technological and Economic Origins of the Information Society,* Harvard Univ. Press.

Borgatti, Everett and Freeman. 1992. *UCINET IV User's Guide.*

Borgatti, Everett and Freeman. 1999. *UCINET 5.0 for Windows Software for Social network Analysis*. Analytic Technologies, Inc.

Breiger, Ronald. L. 1974. "The Duality of Persons and Groups." *Social Forces* 53: 181-90.

Brian, Levy, and Wen-jeng Kuo. 1991. "The Strategic Orientations of Firms and the Peformances of Korea and Taiwan in Frontier Industries." *World Development* 19(4).

Burt, Ronald S., 1986, "A Cautionary Note", *Social Networks* 8, pp.205-211

Burt, Ronald S., 1988, "Some Properties of Structural Equivalence Measures Derived From Sociometric Choice Data", *Social Networks* 10 (1988) 1-28

Burt, Ronald S., 1992, Structural Holes: The Social Structure of Competition, Cambridge, MA: Havard University Press

Burt, Ronald S., 1997, "The Contingent value of social capital", *Administrative Science Quarterly*, vol 42, pp.339-365

Carroll, G. and Hannan, M.(eds.), 1995, *Organizations in Industry: Strategy, Structure, and Selection*, Oxford University Press, New York.

Castells, Manuel. 1996. *The Rise of the Network Society*, London: Blackwell Publisher

Castells, Manuel, 1997 *The Power of Identity*, Blackwell Publisher

Castells, Manuel, 1998, *End of Millennium*, Blackwell Publisher

Clinton, William, and Albert Gore, Jr. 1993. *Technology for America's Economic Growth: A New Direction to Build Economic Strength*. White House, Washington.

Coase, Ronald H, 1984, "The Institutional Economics," *Journal of Institutional and Theoretical Economics*, vol 40.

186

Collins, "The Multiple Fronts of Economic Sociology",

Cusumano, Michael A. 1991. *Japan's Software Factories: A Challenge to U. S. Management*. Oxford: Oxford University Press.

Cusumano, Michael A. and Richard W. Selby. 1995. *Microsoft Secrets*. New York: Free Press.

David, Paul, 1985 'Clio and the Economics of QWERTY,' *American Economic Review*, 제75권, pp.332-337

DiMaggio, Paul J. and Walter W. Powell. 1991. "The Iron Cage Revisited: Institutional Isomorphism and Collective Rationality in Organization Fields." pp.63-82 in *The New Institutionalism in Organizational Analysis*, edited by Walter W. Powell and Paul J. DiMaggio. Chicago: The University of Chicago Press.

DOC, USA(1997), 박창헌 외 옮김(1998), 『디지털이 경제다 - 새로운 세계 경제를 위한 상무부 보고서』, 커뮤니케이션북스.

Drucker, Peter. 1993. *Post-Capitalist Society*, Harper Collins, (이재규(역), 『자본주의 이후의 사회』 한국경제신문사).

Economic and Social Research Council. 1994. *The Programme on Information and Communication Technologies. A Profile of Research and Publications.*

Economist. 1996. May 26. "The Software Industry."

Ernst, Dieter and David O'Connor. 1992. *Competing in the Electronics Industry: The Experience of Newly Industrialising Economies*. Development Centre of the OECD.

Evans, Peter. 1995. *Embedded Autonomy: States & Industrial Transformation*. Princeton: Princeton University Press.

Faust, Katherine and A. Kimbell Romney, 1985, "Does Structure Find Structure?: A Critique of Burt Use of Distance as a Measure of

Structural Equivalence", *Social Networks* 7 77-103

Fligstein, Neil "Markets as Politics: A Political-Cutural Approach to Market Institutions," *American Sociological Review* 61 (August), 1996: 656-673

Granovetter, M. 1973, The Strength of Weak Ties', AJS, 1973, Vol. 78 1360-1380

Granovetter, M. 1985, "Economic Action and Social Structure: The Problem of Embeddedness", *Amirical Journal of Socioligy*, 91

　　(공유식 외, 『신경제사회학의 이해』, 제8장)

Granovetter, M. 1992a "Problems of Explanation in Economic Socioogy", Nohria, N. & Eccles, R. G.(eds), *Networks and organizxation: Structure, Form and Action*, Harvard Business School Press.

Granovetter, M. 1992b *The Sociology of Economic Life*, Granovetter, M. & Swedberg, R. (eds.), Westview Press.

Granovetter, M., 1993 "The Nature of Economic Relationships", Swedberg, R.(eds), *Explorations in Economic Sociology*, Ruessel Sage Foundation.

Hirsch Paul., S. Michaels and R Friedman, 1990. "Clean Model vs. Dirty Hands: Why Economics Is Different From Sociology?", In *Structures of Capital: The Social Organization of the Economy*, edited by Zukin and P DiMaggio. Cambridge University Press. 1990.(공유식 외, 1994, 『신경제 사회학의 이해』 제2장)

Jang, Ho. 1997. *Market Structure, Performance, and Subcontracting in the Korean Economy*. Ph.D. Dissertation. The University of Chicago.

Jones, C , Hesterly, W and Borgatti, S.P, 1997, "A General Theory of Network Governance: Exchange Conditions and Social Mechanism", *Academy of Management Journal. vol,*

Kelly, Keven, 1998, *New Rules for the New economy - 10 Radical Strategies For A connected World*, Viking Penguin.

Mayer, Heike, 2001, "The Evolution of the Silicon Forest: A Case Studt of the high Technology Industry in Portland, Oregon", Paper Presented at 17th Pacific Conference of the Regional Science Association International.

Negroponte, 1995, 『Being Digital』(백욱인 역, 『디지털이다』 박영률 출판사, 1995)

Nohria, Nitin. 1992. "Introduction: Is a Network Perspective a Useful Way of Studying Organizations?" pp.1-22 in *Networks and Organizations: Structure, Form and Action*, edited by Nitin Nohria and Robert G. Eccles. MA: Harvard Business School Press.

OECD, *National Innovation System*, 1997

<http://www.oecd.org/dsti/sti/s_t/prod/nispub.htm>

OECD, *The Knowledge-based Economy*, 1996

<http://www.oecd.org/dsti/sti/s_t/prod/kbe.htm>

Ouchi, W.G. Markets, Bureaucracies and Clan, *Administrative Science Quarterly* 25: 129-140.

Perrow, Charles, 1990, "Economic Theories of Organization", in *Structures of Capital* Edited by Zukin, S and Paul DiMaggio. Cambridge University Press.

Perrow, Charles, 1992. "Small-Firm Networks." pp. 445-470 in *Networks and Organizations: Structure, Form and Action*, edited by Nitin Nohria and Robert G. Eccles. MA: Harvard Business School Press.

Podolny, Joel M & Page, Karen L, 1998, "Network forms of organization", *Annual Review of Sociology*, Vol 24, p.57-76

Porter, Michael. 1990. *The Competitive Advantage of Nations*. New York: Free Press.

Porter, Michael. 1998a. *On Competition*. Harvard Business School(김경묵, 김연성 공역, 2001

Porter, Michael. 1998b. "The Adam Smith Address: Location, Clusters and the 'New' Microeconomics of Competition", *Business Economics*, vol. 33 Issue 1, pp.7-13

Porter, Michael. 2001. "Strategy and the Internet", *Harvard Business Review*, March

Powell, W. 1990. "Neither Market nor Hierarchy", in *Research in Organization Behavior*, Edited by B. Staw and L. Cummings. JAI.

Powell, Walter W. and Peter Brantley. 1992. "Competitive Cooperation in Biotechnology: Learning through Networks?" pp.366-394 in *Networks and Organizations: Structure, Form and Action*, edited by Nitin Nohria and Robert G. Eccles. MA: Harvard Business School Press.

Prusak Laurence and Cohen, Don, "How to invest in Social Capital", *Harvard Business Review, June 2001*

Rappaport, Andrew S. and Shmuel Halevi. 1991 "The Computerless Computer Company",

Sapiro, Carl and Varian, Hal R, *Information Rules: A Strategic Guide to the Network Economy*, Harvard Business School, 1998

Saxenian, AnnaLee. 1990. "Regional Networks and the Resurgence of Silicon Valley." *California Management Review*, Fall 1990.

Saxenian, AnnaLee, 1991. "The Origins and Dynamics of Production Networks in Silicon Valley." *Research Policy*, Special Issue on Networks of Innovators.

Saxenian, AnnaLee, 1994. *Regional Advantage: Culture and Competition in Silicon Valley and Route 128.* Cambridge: Harvard University Press.

Schware, Robert. 1989. *World Software Industry and Software Engineering: Opportunities and Constraints for Newly Industrialized.* World Bank.

Scott, W. Richard. 1992. *Organizations: Rational, Natural, and Open Systems.* Englewood Cliffs, NJ: Prentice Hall.

Smelser, Neil J. and Richard Swedberg, 1994, *The Handbook of economic Sociology,* Princeton University Press

Swedberg, Richard, 1990, *Economics and Sociology: Redefining Their Boundaries: Conversations With Economists and Sociologist,* Princeton University Press.

Swedberg, Richard, 1994, "Market as Social Structure", in *The Handbook of economic Sociology,* edited by Smelser, Neil J. and Richard Swedberg

Swedberg, Richard. Himmelstrand, Ulf and Brulin, Goran, "The Paradigm of Economic Sociology," In Structures of Capital: The Social organization of the economy, edited by Zukin abd DiMaggio (공유식 외, 1994, 『신경제사회학의 이해』, 제3장)

Turner, Johathan H., Beeghley L and Powers, C.H., *The Emergence of Sociological Theory,* Wadsworth Publishing Company, 1995(김문조 · 김원동 외, 1996, 『사회학이론의 형성』, 일신사)

Uzzi, Brian. 1996. "The Sources and Consequences of Embeddedness for the Economic Performance of Organizations: the Network Effect." *American Sociological Review* Vol. 61 No. 4: 674-698.

Wang, K. ed. 1994. *Science and Technology Parks: Selected Successful Experience in Asia Pacific Region.* Chinese Taipei Pacific Economic Cooperation Committee.

Wasserman, Stanley and Katherine Faust. 1994. *Social Network Analysis*: *Methods and Applications*. New York: Cambridge University Press.

Wellman, Barry and S. D. Berkowitz (ed.) 1988. *Social Structures: a Network Approach*. New York: Cambridge University Press.

Williamson, Oliver. 1988. "The Economics and Sociology of Organization: Promoting a Dialogue", in *Industries, Firms and Jobs: Sociological and Economic Approaches*, edited by G. Farkas and P England, New York: Plenum Press.

Winship. C. Sherwin R., "Introduction: Sociological and Economic Approaches to the Analysis of Social Structure," *American Journal of Sociology* 94(Supplement).

부　표

<부표1> 전국 산업별 종사자 수 비율의 변화(1980-2000)

(단위: %,(천명))

년　　　도	1980년	1990년	2000년
1 차산업	37.8	20.8	13.1
농림어업	37.8	20.8	13.1
2 차산업	22.8	27.8	21.4
광　업	0.7	0.4	0.1
제조업	22.1	27.4	21.3
3 차산업	39.4	50.9	65.7
전기가스수도업	0.3	0.4	0.5
건설업	5.2	7.1	7.3
도소매음식숙박업	16.2	19.3	23.2
운수창고통신업	4.3	5.2	6.0
생산자서비스업	2.3	5.3	5.5
사회및개인서비스업	11.1	13.6	23.2
분류불능	0.0	0.5	0.0
계	100.0 (12,682)	100.0 (15,751)	100.0 ()

<부표 2> 디지털컨텐츠기업×컨텐츠산업별 소속행렬자료*

	musc	filk	ebos s	spors	nee	wedu	gak	rs to e	home	law	medcal	buong	dwea h	teisre	ta n ma	job	etc	total
21solutionsco.	0	0	0	0	0	0	0	0	0	0	0	0	0	0	0	0	1	1
3wtour	0	0	0	0	0	0	0	0	0	0	0	0	0	0	0	0	1	1
개미군단미디어	0	0	0	0	0	0	0	1	0	0	0	0	0	0	0	0	0	1
경연아이엔씨	0	0	1	0	0	1	0	0	0	0	0	0	0	0	0	0	1	3
경인방송	0	0	0	1	0	0	1	0	0	0	0	0	0	0	0	0	1	3
골드스쿨커뮤니케이션	0	0	0	0	0	1	0	0	0	0	0	0	0	0	0	0	1	2
골드투어	0	0	0	0	0	0	0	0	0	0	0	0	0	0	0	0	1	1
굳앳티비	1	1	0	1	0	1	0	0	0	0	0	0	0	1	0	0	1	6
기독교인터넷방송	1	1	0	0	1	1	0	0	0	0	0	0	0	0	1	0	1	6
깨비마을	0	1	0	0	0	1	1	0	0	0	0	0	1	0	1	0	0	5
나노시스	0	0	0	0	0	0	0	0	0	0	0	0	0	0	0	0	1	1
나눔정보테크	0	0	0	0	0	0	0	1	0	0	0	0	0	0	0	0	1	2
나눔코리아	0	0	0	0	0	0	0	0	0	0	1	0	0	0	0	0	0	1
나라디지컴	0	0	0	0	0	0	1	0	0	1	1	0	0	0	0	1	0	4
나스텍	1	1	0	1	0	1	1	0	0	0	0	0	0	1	0	0	0	6
내외커뮤니케이션	0	0	0	0	0	0	0	0	0	0	0	0	0	0	0	0	1	1
네오위즈	1	1	0	0	0	0	1	1	0	0	0	0	0	0	1	0	0	5
넷포츠티비	0	0	0	0	0	0	0	0	0	0	0	0	0	0	0	0	1	1
노브레이크테그놀러지	0	0	0	0	0	0	0	0	0	0	0	0	0	0	0	0	1	1
누리미디어	0	0	0	0	0	0	0	0	0	0	0	0	0	0	0	0	1	1
뉴스와정보	1	1	1	0	1	0	0	0	0	0	0	0	0	0	1	0	1	6
다물닷컴	1	0	0	1	0	1	0	0	0	0	0	0	0	1	0	0	0	4
다인벨	0	0	0	0	0	0	0	0	0	0	0	0	0	0	0	0	1	1
대외투자개발원	0	0	0	0	0	0	0	0	0	0	0	0	0	0	0	0	1	1
더존디지털웨어	0	0	0	0	0	0	0	0	0	0	0	0	0	0	0	0	1	1
데이타리서치앤컴	0	0	0	0	0	0	0	0	0	0	0	0	0	0	0	0	1	1
데이텔	0	0	0	1	0	1	0	0	0	0	0	0	0	0	0	0	0	1

* 242개 CP를 보여주기에는 지면에 제한이 따라 일정 부분만 나타낸 것임. row은 디지털컨텐츠기업을 표시한 것이며, column은 컨텐츠 유형을 표시한 것임.

<부표 3> 디지털컨텐츠기업간 소속행렬자료

* 242개 DC간 연계행렬 자료는 242X242의 행렬이다. 즉, 가로와 세로축 모두 기업들의 이름이 표시되어 있고, 가로 세로 정방형의 행렬이다. 각 칸의 값은 개별 기업이 참여한 산업의 수를 의미한다. <부표2>의 기업 리스트가 가로와 세로 행렬로 표시되어 있는 것이다. 여기서는 지면의 제한상 표시하기는 어렵다.

<부표 4> 디지털컨텐츠 산업별 소속행렬자료

	1	2	3	4	5	6	7	8	9	10	11	12	13	14	15	16	17
1	31	19	5	8	9	12	12	6	3	3	4	3	5	11	9	4	17
2	19	38	6	7	9	13	16	6	4	3	4	3	5	7	12	4	19
3	5	6	12	2	4	8	4	2	2	3	2	2	2	3	4	2	5
4	8	7	2	20	7	10	10	3	3	2	3	4	5	10	4	3	9
5	9	9	4	7	27	7	8	6	4	3	4	5	6	8	4	4	15
6	12	13	8	10	7	69	16	4	3	3	6	4	5	7	8	3	23
7	12	16	4	10	8	16	38	5	3	4	5	4	6	8	12	4	16
8	6	6	2	3	6	4	5	23	3	4	5	7	4	3	6	6	3
9	3	4	2	3	4	3	3	3	8	2	3	3	3	4	3	3	4
10	3	3	3	2	3	3	4	4	2	7	3	4	2	2	4	3	3
11	4	4	2	3	3	6	5	5	3	3	12	5	3	3	4	6	3
12	3	3	2	4	4	4	4	7	3	4	5	13	3	3	4	6	3
13	5	5	2	5	5	5	6	4	3	2	3	3	8	5	5	4	3
14	11	7	3	10	6	7	8	3	4	2	3	3	5	23	4	3	12
15	9	12	4	4	8	8	12	6	3	4	4	4	5	4	25	5	10
16	4	4	2	3	4	3	4	6	3	3	6	6	4	3	5	14	2
17	17	19	5	9	15	23	16	3	4	3	3	3	3	12	10	2	120

* 17개 산업영역은 다음과 같다. 1 음악, 2 영화, 3 출판산업, 4 스포츠산업, 5 뉴스 6 교육, 7 게임, 8 금융/증권, 9 가정, 10 법률, 11 의료, 12 부동산, 13 날씨, 14 레저 15 만화, 16 취업 17 기타 임.

\<부표 5\> 디지털컨텐츠기업의 하위시장 유형별 기업 리스트

유 형	디지털컨텐츠기업
미디어중심 군 소기업군 (유형1과 유형 4, 5를 통합한 것임)	조인스닷컴, 한국인포웨어, 기독교TV, 엑스트림, 라인업시스템, 키즈태권도, 모닝스톡, 팝프린트, nworks, 인디컴, 나노시스, 캐스포컴, 쿼터뷰, 우리TV넷, 아이하이, 인터넷결혼 정보짝, 한국페이타하우스, m@ilBell, 에이브이뉴스, 아바타이천, 아이삼구, 페이스, 엔씨커뮤니케이션 제일제당화장품CMG, 싸이버폴, 유학친구, 인드림(뉴시tv), 골드투어, 드림컨텐츠, 두레인터넷, 기독교인터넷선교방송, 디지토닷컴, 제3TV, 유엘정보토신, 티샷닷컴, 3wtour, 인테크디지털, 다인벨 동아TV, 씨알정보, 캐스트넷, 대외투자개발원, 한국디지탈서비스, 더존디지털웨어, 비티엔 필론 누리미디어 베스타미디어 피플월드 한마음선원 시나이마트 오케이타운 로그온 소프트 와우 시스템 아이티벤처 코리아콤 한국레이저영상 나눔정보테크 모니터포유 21solutionsco. 리치엔조이 트루캠 아이비즈캐스트 데이타리서치앤컴 프랑켄슈타인 지니콘텐츠 아이팝티브이 티앤티월드콤 디버블유에스 아이시스 주주뱅크 크레비스 드림라이프 헬로데이닷컴 하다루 아리누리 아트빌미술방송국 노브레이크테그놀러지
	선우엔터테인먼트 경연아이엔씨 캐릭터파크 ㈜인터넷써처 뉴스와정보 월드팁스넷 월컴정보시스템 culture901 mcc21.com Tvnetcommunications nanodesign 버추얼리드 캐스트서비스 주식정보라인 마이플랜 위즈닷컴 ni21 엔터채널 스타디움 굳앳티비 채널IT 추억담기 엣필닷컴 DBS 진영정보통신
	디지털닷컴 드라큐라 춘천시인터넷방송 아이코 드림증권연구소 캐릭터코리아 캐스트뱅크 디지엔 아이오컴 운송신문사 브랜드코리아넷 요요TV 디지털태인 바이오피아 디딤돌 넷스쿨 아빛컨 한아름닷컴 Nowgift 코리아컨텐츠네트워크 인츠닷컴 와우밸리 디엔디엠
중소규모 전문기업군 (유형2)	아이썬인터넷 한국스포츠방송 daxnet 브라이트시스템즈 FortuneTV 블랙탄 씨엔지티비닷컴 우리텔레코뮤니케이션 미미르인터럭티브 택시커뮤니케이션 홈투데이 애니비에스 일루와 마하북닷컴 블루노이즈 오세오닷컴 메가데이타커뮤니케이션즈 이포인트 아이인터넷 에이시스커뮤니케이션스 지오인터랙티브 제로원픽처스 인버스온라인 디지털만화사 아이피월드 나라디지컴 팍스넷 덴타라인 첨성대 잡코리아 ens21 티엔진(트래블넷) 데이텔 새로운넷 애니메카 버츄얼웨어 SDK정보기술 스포컴 하니케어시스 지지옥션 스톡캐스터 한국증권전산(코리아스톡) 하제닷컴 네오위즈 디지털호동 와우티브이 커리온닷컴 AntspaceKorea 나눔코리아 웹시티 오즈인터미디어 넷포츠티비 휴먼소프트 사이버랜드 지니엔터테인먼트 축구방송 엔포 정보와 사람들 하바스메디메디아 펜그리고자유 사이버스톡21 애니텔정보통신 에듀엔터테인트네트 스타커뮤니케이션즈 핵사시스템
유통기반 포괄기업군 (유형3)	마이디네 크레듀 온세통신 텔렉처 아리스온라인코리아 한국통신하이텔 펀글리시 사이버타운 깨비마을 토킹스쿨 파트타임정보 씨디월드 알트에드 내외커뮤니케이션 골드스쿨커뮤니케이션 시스월 코바인터내셔날 개미군단미디어 나스텍 아이패스TV닷 사이버유니캠퍼스 디그 다물닷컴 엔토이닷컴 스페이스일루젼 친구미디어 윌 아이야닷컴 에비씨넷 이테스트 ecollege-미래연구소 무진미래연구원 예인정보 엠제이커뮤니케이션 에듀프리 이미지네트 참누리넷인터넷방송국 유에듀 취암서원 SEPLE 온라인잉클리쉬 인터컴 디자인윌 잠치닷컴 배움닷컴 에듀키스인터넷방송 미디어채널 드림라인 경인방송

● 저자 ●

● 변미리(邊美里)   약 력
　　　　　　　　　서울대학교 사회학과 졸업
　　　　　　　　　서울대학교 대학원 사회학석사
　　　　　　　　　서울대학교 대학원 사회학박사
　　　　　　　　　서울대학교 사회발전연구원 연구원
　　　　　　　　　서울시정개발연구원 도시정보연구센터 부연구위원

　　　　　　　　　주요 논저
　　　　　　　　　서울시 전자정부의 개인정보보호방안에 관한 연구
　　　　　　　　　정보기술 동향 및 공공부문 적용방안 - 정보보호기술 동향 및
　　　　　　　　　정책동향
　　　　　　　　　서울시 전자정부 추진실적 평가연구
　　　　　　　　　서울형 서베이시스템 구축연구(공저)
　　　　　　　　　한국인의 표준디지털 역량에 관한 연구(공저)
　　　　　　　　　외 다수

디지털컨텐츠산업의 시장구조

● 초판 인쇄	2005년 5월 2일
● 초판 발행	2005년 5월 2일
● 지 은 이	변미리
● 펴 낸 이	채종준
● 펴 낸 곳	한국학술정보㈜
	경기도 파주시 교하읍 문발리
	파주출판문화정보산업단지 526-2
	전화 031) 908-3181(대표) · 팩스 031) 908-3189
	홈페이지 http://www.kstudy.com
	e-mail(e-Book사업부) ebook@kstudy.com
● 등 록	제일산-115호(2000. 6. 19)
● 가 격	12,000원

ISBN   89-534-2164-0 93320 (paper book)
　　　　89-534-2165-9 98320 (e-book)